Schriften

des

Vereins für Socialpolitik.

---

120. Band.

Zweites Heft.

Verfassung und Verwaltungsorganisation der Städte.

Vierter Band. Zweites Heft.

Königreich Württemberg.

Leipzig,

Verlag von Duncker & Humblot.

1905.

Verfassung
und
Verwaltungsorganisation der Städte.

Vierter Band.

Zweites Heft.

Königreich Württemberg.

Von

Dr. E. Springer,
Regierungsassessor.

Im Auftrag des Vereins für Socialpolitik
herausgegeben.

Leipzig,
Verlag von Duncker & Humblot.
1905.

Inhaltsverzeichnis.

Königreich Württemberg.

Von **Dr. E. Springer,** Regierungsassessor in Hohenheim.

Königreich Württemberg.

Bearbeitet

von Regierungsassessor **Dr. E. Springer**
in Hohenheim.

I. Einleitung.

Die württembergischen Städte haben keine lange gemeinsame Geschichte. Von den 14 Gemeinden[1] mit über 10 000 Einwohnern sind 6 ehemalige Reichsstädte und 8 altwürttembergische Städte. Wenn auch in den Reichsstädten die Erinnerung an die dereinstige Selbstherrlichkeit noch sehr lebendig ist, so kann doch ein tiefergehender, aus der Verschiedenheit der Vergangenheit entspringender Wesensunterschied zwischen den alt- und neuwürttembergischen größeren Städten nicht festgestellt werden, namentlich nicht in der Richtung, daß etwa in den ursprünglich reichsunmittelbaren Gemeinwesen als Folge der jahrhundertelang währenden Sonderexistenz ein regerer und reiferer Sinn für die Selbstverwaltung vorhanden wäre. Das Verfassungsleben der schwäbischen Reichsstädte, wie es sich gegen das Ende des 18. Jahrhunderts gestaltet hatte, war nicht die richtige Schule für eine sachgemäße Anteilnahme der Gemeindegenossen an den öffentlichen Dingen. Es bietet ein wenig erfreuliches Bild inneren Zerfalls, des ohnmächtigen Ankämpfens der breiteren Bevölkerungsschichten gegen die regierenden Familien bzw. den aus letzteren sich zusammensetzenden Magistrat. Die Masse der Bevölkerung war politisch unmündig in nicht geringerem Maße als die der württembergischen Landstädte. Hier wie dort ergänzte sich die Gemeindeverwaltungsbehörde durch Kooptation; von wahrer Selbstverwaltung waren beide Arten von Städten gleich weit entfernt. Die Verschmelzung der Reichsstädte mit Württemberg, ihre Unterordnung unter das Territorialfürstentum hat sich denn auch ohne jede Störung vollzogen.

Dieser Prozeß völliger Amalgamierung wurde nachhaltig gefördert durch die dem Gedanken der Selbstverwaltung, wenn auch nicht in gleichem Maße wie die preußische Städteordnung, Rechnung tragende Gemeindeverwaltungs-

[1] Unter ihnen auch das „Pfarrdorf" Schwenningen, das ganz städtischen Charakter hat und in der folgenden Darstellung ohne weiteres den Städten zugerechnet wird.

reform, wie sie in dem „Verwaltungsedikt für die Gemeinden, Oberämter und Stiftungen“ vom 1. März 1822 ihren Abschluß erhielt. Dazu kamen als weiteres einigendes Moment die wirtschaftlichen Kämpfe, die einsetzten, nachdem die politische Zusammenfügung bereits vollzogen war. Die äußeren Bedingungen, unter denen die württembergischen Mittelstädte in die Periode der wirtschaftlichen Umwälzung vom zweiten Viertel des vorigen Jahrhunderts an eintreten, waren für alle sehr ähnliche; denn wie in ihrem inneren Wesen, so sind auch in ihren äußeren Verhältnissen keine einschneidenden Gegensätze feststellbar. Es fehlen in Württemberg die natürlichen Vorbedingungen für die Entstehung großer Industriemetropolen. Das Land ist arm an wertvollen mineralischen Bodenschätzen; es wird zwar Koch- und Steinsalz in erheblichen Mengen gefördert, aber alles Suchen nach dem wichtigsten industriellen Rohmaterial, der Steinkohle, ist bis heute erfolglos geblieben. Dazu kommt, daß die Schiffbarkeit der zwei größten württembergischen Flüsse, Donau und Neckar, erst außerhalb bzw. an der Grenze beginnt, daß ferner Kanäle überhaupt nicht vorhanden sind und daß demnach für den Bezug der von auswärts kommenden Rohstoffe die billigere Wasserfracht nur in beschränktem Maße in Anwendung kommt. Es sind nun zwar zahlreiche Gewässer mit nutzbarem Gefäll vorhanden, was den Kohlenmangel wenigstens einigermaßen ausgleicht, aber nicht gerade zugunsten der Städte. Die Industrie wird dadurch dezentralisiert, von den Städten weg aufs platte Land hinausgedrängt, wo sie vielfach mit offenen Armen aufgenommen wird. Durch unentgeltliche Überlassung von Grund und Boden suchen namentlich kleinere Gemeinden Fabriken heranzuziehen und auch von der gesetzlichen Ermächtigung, aus besonderen Gründen zur Beförderung öffentlicher Interessen Steuerbefreiung auf die Dauer bis zu 20 Jahren[1] zu verwilligen, wird in steigendem Maße zugunsten industrieller Niederlassungen Gebrauch gemacht.

Wie weit diese Dezentralisation geht, zeigen die Ergebnisse der letzten Berufs- und Gewerbezählung, und seither hat ohne allen Zweifel dieser Prozeß seinen Fortgang genommen. Von den in Hauptbetrieben der Industrie der Steine und Erden beschäftigten Personen entfielen 81 % auf Betriebe außerhalb der damals über 10 000 Einwohner zählenden Städte, bei der Gruppe Metallverarbeitung ist der Prozentsatz 49,9, bei der Industrie der Maschinen, Instrumente und Apparate 56 %, bei der chemischen Industrie 64 %, Industrie der Leuchtstoffe, Seifen, Fette und Öle 52 %, Textilindustrie 73 %, Papierindustrie

[1] Nach dem Gemeindesteuergesetz von 1903 ist nunmehr die Frist auf 10 Jahre heruntergesetzt.

50 %, Lederindustrie 62 %, Industrie der Holz- und Schnitzstoffe 71 %, Industrie der Nahrungs- und Genußmittel 67 %. Dabei ist der Prozentsatz der außerhalb jener Städte lebenden Bevölkerung nach der Volkszählung von 1895 81,6 % der Gesamtbevölkerung. Es ergibt sich aus diesen Zahlen zunächst die wenig auffallende Tatsache, daß die industriell tätige Bevölkerung in den Städten über 10 000 Einwohner einen wesentlich höheren Prozentsatz der Gesamtbevölkerung ausmacht als in den Kleinstädten und Landgemeinden. Zugleich aber geht daraus auch hervor, daß eine übermäßige Konzentration der industriellen Betriebe in den größeren Städten nicht stattgefunden hat.

Bei der Betrachtung einzelner Industriezweige tritt dies noch klarer zutage. Nächst der Industrie der Nahrungs- und Genußmittel, die 36 934 Personen beschäftigt, ist der am bedeutendsten entwickelte württembergische Industriezweig die Textilindustrie mit 35 048 in Hauptbetrieben beschäftigten Personen. Der weit überwiegende Teil ihrer Hauptbetriebe befindet sich in den kleineren Gemeinden. Bei der Wollspinnerei, die 1924 Personen beschäftigt, entfallen 65,4 % der Beschäftigten auf Betriebe in Gemeinden unter 10 000 Einwohner, wobei letzteren die Gemeinden Heidenheim und Schwenningen, die erst 1900 die Einwohnerzahl 10 000 überschritten haben, nicht zugerechnet sind; bei der Baumwollweberei mit 8854 Beschäftigten ist der Prozentsatz 67,7, und wenn man bloß die 24 Großbetriebe (über 100 Beschäftigte), von denen 7 auf die größeren Städte fallen, in Betracht zieht, 70,4, bei der Strickerei und Wirkerei (Strumpfwarenfabrikation) mit 9402 Beschäftigten 88,3, bei der Baumwollspinnerei mit 5666 Beschäftigten 90,8. Von 22 Großbetrieben kommen 21 mit über 94 % der Beschäftigten auf die Kleinstädte und Landgemeinden. Die Seidenspinnerei und -weberei mit zusammen 1614 Beschäftigten befindet sich ganz in den kleineren Gemeinden. Dasselbe ist der Fall mit der chemischen Großindustrie. Von den in der Papier- und Pappfabrikation beschäftigten 3371 Personen gehören 71 % zu Betrieben außerhalb der Städte.

Trotz jener, die Entstehung großer Städte wenig begünstigenden Verhältnisse ist ein Stillstand in der Entwicklung der württembergischen Mittelstädte nicht zu bemerken. Eine Zunahme von über 100 % seit 1871 weisen auf Schwenningen (134 %), Cannstatt (124,5), Göppingen (124) und Heidenheim (103). (Vgl. Tabelle auf S. 6.)

Schwenningen ist der Hauptsitz der württembergischen Uhrenindustrie, die vor etwa 100 Jahren dort eingeführt worden ist. Bis in die 70er Jahre herein herrschte der handwerksmäßige Betrieb vor. Nach der Oberamtsbeschreibung von 1875 waren vorhanden eine Kontrolluhrenfabrik und

6 Schwarzwälderuhrenfabriken mit zusammen 100 Arbeitern am Ort und etwa ebenso vielen sogenannten Stückarbeitern in der Umgegend. Daneben wurden noch etwa 100 Uhrmachermeister mit je 1 bis 4 Gesellen im Ort gezählt, welche den den Handwerksbetrieb mehr und mehr auslösenden Großbetrieben einen trefflich geschulten Arbeiterstamm heranzogen. Der Boden für eine kräftig aufstrebende Industrie war von lange her vorbereitet und die Entwicklung vollzog sich denn auch entsprechend. Im Jahre 1885 waren bereits 4 große Fabriken da, die zusammen 458 Personen beschäftigten. Bis zum Jahre 1890 stieg letztere Zahl auf 817 und bis 1895 auf 1262. Insgesamt besitzt Schwenningen 62 Allein- und 30 Gehilfenbetriebe mit 1544 Beschäftigten.

Städte	Einwohnerzahl in den Jahren			Prozentuale Zunahme seit	
	1900	1871	1834	1871	1834
Stuttgart	176 699	91 623	38 065	93	364
Ulm	42 982	26 290	15 173	63	183
Heilbronn	37 891	18 955	10 703	99	254
Eßlingen	27 325	17 941	10 784	53	153
Canstatt	26 497	11 804	5 055	124,5	424
Reutlingen	21 494	14 237	10 844	51	98
Ludwigsburg	19 436	11 785	10 138	65	92
Göppingen	19 384	8 649	5 360	124	261
Gmünd	18 699	10 739	6 820	74	174
Tübingen	15 338	9 343	8 610	64	78
Tuttlingen	13 530	7 181	5 312	88	155
Ravensburg	13 453	8 433	5 254	60	156
Heidenheim	10 510	5 167	2 495	103	321
Schwenningen	10 106	4 314	3 481	134	190
Württemberg				12	29

Noch weitere Industriezweige haben sich in der gewaltig aufstrebenden Gemeinde niedergelassen: Tischlerei mit 175, Schuhmacherei mit 190 Beschäftigten. Außerdem ist eine Zündholzfabrik vorhanden. In der Hauptsache aber ist die Entwicklung der Gemeinde, des größten württembergischen Dorfs, auf die Uhrenindustrie zurückzuführen.

Göppingen und Heidenheim sind alte Industriestädte; seit Jahrhunderten ist namentlich die Textilindustrie dort zu Hause. Frühzeitig schon haben sich ihr mannigfache andere Industriezweige angegliedert. Das Wachstum beider Städte ging so, eine naturgemäße Erscheinung, Hand in Hand mit dem allgemeinen Aufschwung der deutschen Industrie in den letzten Jahrzehnten. Nach der Berufs- und Gewerbezählung von 1882 zählte man in Göppingen 1096 in der Textilindustrie Beschäftigte, 1895: 2136; Blech-

und Metallwarenfabrikation 1882: 217 Personen, 1895: 617; Eisengießerei 1882: 110, 1895: 318; Verfertigung eiserner Kurzwaren 1882: 80, 1895: 229; Fabrikation landwirtschaftlicher Maschinen 1882: 100, 1895: 197; Korsettfabrikation 1882: 465, 1895: 625; Hutfabrikation 1882: 192, 1895: 238.

In Heidenheim waren im Jahre 1882 in der Textilindustrie 1271, 1895: 1661 Personen beschäftigt, in der Tabakindustrie 1882: 365, 1895: 654; eine Maschinenfabrik wuchs von 123 Beschäftigten im Jahre 1882 auf 273 im Jahre 1895, eine Eisengießerei von 52 auf 109, eine Verbandstofffabrik von 21 auf 113 Personen.

Das außerordentliche Wachstum der Stadt Cannstatt wird durch ihre Lage im Mittelpunkt des Landes nicht genügend erklärt. Württemberg ist kein so in sich abgeschlossenes Wirtschaftsgebiet, daß die zentrale Lage für sich allein von größerer Bedeutung wäre. Die Stadt besitzt seit einigen Jahrzehnten eine bedeutende Industrie, aber es ist noch nicht allzulange her, daß sie in der Hauptsache eine Badestadt[1] war. Die eigentliche Ursache der bedeutenden Vermehrung ihrer Bevölkerungszahl ist zu erblicken in der Nachbarschaft der Landeshauptstadt. Das rasche Anwachsen eines Vororts einer Großstadt, zumal wenn er, wie hier, in deren natürlichem Ausdehnungsgebiet gelegen ist, stellt keine besonders bemerkenswerte Erscheinung dar.

Eine namhafte Bevölkerungszunahme (99 %) weist ferner Heilbronn auf. Von Heilbronn an ist der Neckar schiffbar, und diese Gunst der Natur bewirkte, daß die Stadt sich schon frühzeitig zu einem bedeutenden Handelsplatz entwickelte. Seit 1877 findet zwischen Mannheim und Heilbronn Kettenschleppschiffahrt statt. Bedeutend ist namentlich der Holz-, Getreide- und Landesproduktenhandel, sowie der Kohlenhandel. Die Steinkohlenzufuhr auf dem Neckar betrug 1900 3,1 Millionen Zentner. Beim Heilbronner Hauptzollamt haben sich die Gesamteinnahmen 1870—1900 von 2,2 Millionen auf 5,6 Millionen gesteigert, der Kassenumsatz der Reichsbanknebenstelle stieg von 1887—1900 von 104,3 Millionen auf 455,6 Millionen Mk. Neben dem Handel blüht seit geraumer Zeit in Heilbronn auch die Industrie in hervorragendem Maße. Das im Jahre 1883 entstandene Salzwerk beschäftigt 191 Personen. In der Papierfabrikation sind in zwei Fabriken 357 Personen beschäftigt. Eine Silberwarenfabrik hat 600 Arbeiter. Bedeutend ist auch die Öl- (239 Beschäftigte), Zucker- (405), Tabak- (274), Konserven- (444) und Zichorienfabrikation (366). Im ganzen sind 58 Fabriken mit rund

[1] Es sind eine Anzahl von warmen Quellen vorhanden.

9000 Arbeitern vorhanden. Im Jahre 1882 wurden 3336 in der Industrie beschäftigte Gehilfen und Arbeiter gezählt. Eine äußerst rührige Bevölkerung hat die natürlichen Vorzüge der Stadt trefflich auszunutzen verstanden und die Überflügelung der Rivalin Ulm, die nur um 63 % zugenommen, hat sich eigentlich bereits vollzogen; denn wenn man die Garnison beiderseits außer Betracht läßt, so ergibt sich für Heilbronn ein Mehr an Einwohnern von 327. Aber es ist zu beachten, daß, während bei Heilbronn die Garnison nur fördernd auf das Wachstum der Stadt gewirkt hat, bei Ulm der Vorteil der Garnison mehr als aufgewogen wurde durch die die Entwicklung der Stadt aufs schwerste beeinträchtigende Umwallung. Trotz dieser Fessel hat sich auch in Ulm eine nicht unbeträchtliche Industrie zu entfalten vermocht. Es sind 8 Betriebe vorhanden mit je über 100 Arbeitern; besonders entwickelt ist das Braugewerbe, das in 23 Hauptbetrieben 311 Personen beschäftigt. Zieht man diese Tatsache in Betracht und bedenkt man weiter noch, daß der Plan der Schiffbarmachung der Donau bis Ulm allmählich eine greifbarere Gestalt anzunehmen scheint, so ist nicht daran zu zweifeln, daß die Stadt, ein bedeutender Eisenbahnknotenpunkt, einer aussichtsreichen Zukunft entgegengeht.

Die geringste Bevölkerungszunahme seit 1871 haben die Städte Ravensburg (60 %), Eßlingen (53 %) und Reutlingen (51 %). Immerhin erhebt sich auch bei ihnen die Zunahme bedeutend über den Landesdurchschnitt von 12 %.

In besonders geringem Maße scheinen die natürlichen Voraussetzungen für das Entstehen größerer Städte bei Stuttgart zuzutreffen. Die Stadt liegt abseits vom Neckar, auf drei Seiten von Bergen eingeschlossen und beengt; für zwei von den vier nach Stuttgart führenden Bahnlinien war je ein größerer Tunnel herzustellen, zwei haben ein äußerst beträchtliches Gefäll zu überwinden. Trotzdem ist Stuttgart allmählich, schließlich ziemlich rasch zur Großstadt geworden, welche, im Jahre 1900 176 699 Einwohner, mit dem 1901 eingemeindeten Vorort Gaisburg 181 463 Einwohner zählend, heute das zweite Hunderttausend wohl bereits überschritten hat. Das Wachstum der Stadt in den letzten 30 Jahren ist an sich nicht gerade außergewöhnlich (93 %) und bleibt hinter dem verschiedener deutscher Großstädte nicht unwesentlich zurück — im Jahre 1880 an neunter Stelle unter den deutschen Städten stehend, ist sie 1900 an siebzehnte Stelle gerückt —, aber in Anbetracht der Ungunst ihrer Lage erscheint es doch sehr bemerkenswert. Es ist das Ergebnis der Konzentration des Verkehrs auf die Stadt als Landeshauptstadt bzw. der künstlichen Schaffung der Voraussetzungen hierfür. Diese günstigen Verkehrsverhältnisse veranlaßten die Niederlassung einer namhaften Industrie; erst in den letzten Jahren hat die Anziehungskraft der Stadt infolge der Beschränktheit des zur Verfügung stehenden Baugeländes und der hiermit zusammenhängenden Kostspieligkeit des letzteren etwas nachgelassen, namentlich zugunsten einiger Landgemeinden des benachbarten Teils des Neckartals. Aber nichtsdestoweniger ist Stuttgart eine nicht unbedeutende Industriestadt. 16 % der großen Betriebe des Landes (mit 100 Beschäftigten), 22 % der Betriebe mit 21—100 Beschäftigten entfallen nach der Zählung von 1895 auf Stuttgart. In der Abteilung Industrie, einschließlich Bergbau und Baugewerbe, wurden 281 Betriebe mit je einem Personal von 21—100, 45 mit über 100 Beschäftigten gezählt. Das nachfolgende Verzeichnis gibt einen Überblick über die hauptsächlichsten in Stuttgart vertretenen Industriezweige.

Gewerbegruppe		Im ganzen			Betriebe mit 21—100 Beschäftigten			Betriebe mit über 100 Beschäftigten		
		Zahl der Betriebe	Personen	Verwendete Pferdekräfte	Zahl der Betriebe	Personen	Verwendete Pferdekräfte	Zahl der Betriebe	Personen	Verwendete Pferdekräfte
Metallverarbeitung . .	St	391	3 168	244	22	845	56	5	725	112
	W.	7 335	30 679	3 976	137	5 647	897	41	8 851	2 105
Industrie der Maschinen und Instrumente . .	St.	314	3 934	719	31	1 363	205	5	1 522	327
	W.	5 134	30 785	6 154	126	5 622	1 364	44	15 500	3 397
Industrie der Holz- und Schnitzstoffe	St.	544	3 374	569	18	706	93	7	1 042	346
	W.	11 552	29 922	9 725	92	3 706	1 874	19	3 136	818
Industrie der Nahrungs- und Genußmittel . .	St.	618	4 196	1 349	22	1 098	936	2	483	238
	W.	13 123	43 465	28 861	92	4 017	2 515	17	4 530	1 866
Bekleidungs- und Reinigungsgewerbe . . .	St.	4 166	8 696	164	21	838	102	2	431	36
	W.	38 501	62 813	1 106	92	3 956	289	27	5 016	723
Baugewerbe	St.	648	7 008	90	56	2 360	21	12	2 640	53
	W.	11 746	40 755	899	218	8 594	329	26	5 444	340
Polygraphische Gewerbe	St.	179	2 998	371	28	1 181	137	4	1 223	204
	W.	518	5 098	569	46	1 822	222	4	1 223	204
Künstlerische Gewerbe .	St.	156	452	25	1	23	—	1	140	20
	W.	325	732	25	1	23	—	1	140	20

St. = Stuttgart. W. = Württemberg.

Auch der Handel Stuttgarts ist sehr beträchtlich. Es beträgt z. B. der Jahresumsatz bei der dortigen Reichsbankhauptstelle gegen 2,7 Milliarden; der Güterumsatz der drei Staatsbahnhöfe belief sich 1902 auf zusammen 1,136 Millionen Tonnen.

II. Gliederung der Einwohnerschaft.

In dem Jahrfünft 1895—1900 betrug in Württemberg der Geburtenüberschuß 131 758, die Bevölkerungszunahme 88 329, also der Verlust durch Wanderungen 43 429. An diesem Verlust hatten die württembergischen Mittelstädte in ihrer Mehrzahl keinen Anteil, ebensowenig Stuttgart, er fällt nahezu ganz auf die kleinen Gemeinden. Abgesehen von den Städten Ludwigsburg und Tübingen, die je einen kleinen Wanderungsverlust hatten (497 bzw. 108), überwog bei sämtlichen Städten die tatsächliche Zunahme die natürliche. Der durchschnittliche jährliche Wanderungsgewinn in Prozenten der mittleren Bevölkerung beträgt in Stuttgart 1,09 und bewegt sich bei den übrigen Städten zwischen 3,07 (Schwenningen) und 0,5 (Ravensburg). In welchem Maß die größeren Städte Anziehungspunkte für die ländliche bzw. kleinstädtische Bevölkerung sind, geht hieraus und vielleicht noch deutlicher aus dem Verhältnis der Stadteingeborenen zu den Zugewanderten hervor. Nur in Schwenningen, Tuttlingen, Reutlingen und Eßlingen[1] sind die Eingeborenen in der Mehrzahl (66, 63, 54 bzw. 53 %). Am geringsten ist der Anteil der Ortsgebürtigen an der Gesamteinwohnerzahl in Stuttgart (37,8), Ulm (34 %), in Ludwigsburg (26 %). Diese geringen Prozentsätze finden bei letzteren beiden Städten in der Hauptsache ihre Erklärung in den starken Garnisonen dieser Städte; immerhin darf nicht unbeachtet bleiben, daß das Überwiegen der Zugewanderten sich auch hier nicht auf das männliche Geschlecht beschränkt. Von der weiblichen Bevölkerung sind in Ulm nur 42 %, in Ludwigsburg gar nur 35 % ortsgebürtig. Insgesamt machen die männlichen Ortsgebürtigen in Stuttgart bzw. in den fünf Städten zwischen 20 000 und 50 000 Einwohnern 36,7 bzw. 38,9 % der männlichen, die weiblichen 38,8 bzw. 46,2 % der weiblichen Stadtbevölkerung aus. In den acht Städten zwischen 10 000 und 20 000 Einwohnern sind die entsprechenden Zahlen 41 und 48,2.

Ein nicht uninteressantes Bild für das Verhältnis der Mittelstädte zu

---

[1] Bei Eßlingen ist zu beachten, daß nahezu 5000 Einwohner in ganz ländlichen Parzellen wohnen.

den kleineren Gemeinden bieten die den Altersaufbau der Bevölkerung darstellenden Zahlen.

	unter 15		15 bis 20*		25 bis 30*		30 bis 35*		35 bis 40*		40 bis 45*		45 bis 50*		50—60		über 60	
	m.	w.	m.	w.	m.	w.	m.	w.	m.	w.	m.	w.	m.	w.	m.	w.	m.	m.
Stuttgart . .	25	23	11,6	11,3	10,9	10,7	8,3	8	6,3	6,7	5,2	5,4	4,5	4,7	7,4	8,9	5,3	7,4
Gemeinden v. 20—50 000	27	28	12	11	9,7	9,7	7,4	7,9	5,4	5,9	4,4	5,2	3,9	4,6	6,9	8,9	5	8
„ 10—20 000	29	30	12	10	8,8	9,1	7,1	7,6	5,6	6,1	4,7	5,2	3,7	4,3	6,5	8,7	5	8
unter 10 000	36	34	9	9	7,1	7,1	6,6	6,5	5,6	5,6	5,1	5,2	4,5	4,6	9,2	9,8	9,3	10

* unter.

Die Zahlen geben den prozentualen Anteil der verschiedenen Altersstufen an der männlichen bzw. weiblichen Gesamtbevölkerung. In der ersten Altersstufe ist ein starkes Überwiegen der ländlichen bzw. kleinstädtischen Bevölkerung zu konstatieren. Mit dem Beginn des arbeitsfähigen Alters strömt die Bevölkerung nach der Stadt. Das Verhältnis der Altersklassen 15—20 behauptet sich auch in den Altersklassen 25—30 [1] noch annähernd. In den Klassen 30—35 rücken sich die Zahlen von Stadt und Land näher, überwiegen aber noch bei den Städten. In den Klassen 35—40 sind sie bei den Mittelstädten annähernd gleich. Vom Alter von 40, bei Stuttgart von gegen 50 Jahren an wird das Verhältnis zunehmend ein umgekehrtes. Man ist versucht, hieraus den Schluß zu ziehen, daß die Städte ihren Mehrbedarf an Menschen vom Lande beziehen und ihr verbrauchtes Menschenmaterial wieder dorthin abgeben. Dieser Schluß ist in seinem zweiten Teil sicher nicht zutreffend. Daß die stärkere Vertretung der höheren Jahresklassen in den kleinen Gemeinden keine Folge des Zurückströmens der städtischen Bevölkerung aufs Land sein kann, ergibt sich einmal daraus, daß die *Umkehrung des Verhältnisses der Zusammensetzung der Stadt- und Land*bevölkerung bereits bei einer Altersklasse beginnt, bei der der Mensch gemeinhin noch nicht daran denkt, sich von der Arbeit in der Stadt aufs Land zurückzuziehen. Dazu kommt, daß es einem Arbeiter, der etwa in diesem Alter schon seine Kraft verbraucht hat, nicht leicht sein wird, sich auf dem Lande niederzulassen. Die Landgemeinden kennen die Handhaben, die ihnen das Freizügigkeits- und Unterstützungswohnsitzgesetz hiergegen gewährt, zu gut. Solange endlich ein Arbeiter überhaupt noch irgendwie arbeitsfähig ist und ihn nicht ganz zwingende Gründe dazu veranlassen, wird

[1] Klasse 20—25 wurde wegen der Militärpflicht außer Betracht gelassen.

er sich kaum entschließen, das Stadtleben mit dem Leben auf dem Lande zu vertauschen. Liegt der Grund darin, daß die Stadt ihre Menschen rascher verbraucht als das Land? Hiergegen scheint die Sterblichkeitsstatistik zu sprechen. Im zehnjährigen Landesdurchschnitt 1890—99 kamen in Württemberg auf 1000 der mittleren Bevölkerung 24,56 Gestorbene [1], in den Städten über 10 000 Einwohner dagegen nur 21,63. Der hieraus gegen seine Annahme abgeleitete Einwand ist aber nicht beweiskräftig; denn es ist einleuchtend, daß bei den Städten mit ihrer geringeren Geburtenziffer (32,12 gegen 35,19 im Landesdurchschnitt 1890—99) und ihrem raschen, durch Zuwanderung von Menschen im lebenskräftigsten Alter verursachten Wachstum das Verhältnis der Todeskandidaten zur städtischen Gesamtbevölkerung ein besonders günstiges sein muß. Trotz der Richtigkeit dieses Einwands ist jedoch auch jene Annahme nicht als fest begründet anzuerkennen. Der Hauptgrund für seine Erscheinung liegt wohl näher, er ist bereits in der Abweisung des Schlusses aus der Sterblichkeitsstatistik angedeutet. Die untersten und die obersten Altersklassen werden durch Zuzug kaum vermehrt, die ersteren stellen die hinter der absoluten weit zurückbleibende natürliche Zunahme, die letzten die Reste früherer Perioden der Städte dar.

Das Verhältnis der Geschlechter weicht, wenn man die Anstaltsbevölkerung außer Betracht läßt, nur in Tuttlingen und Schwenningen nennenswert vom Landesdurchschnitt ab. Auf 1000 männliche kommen in Tuttlingen 950, in Schwenningen nur 890 weibliche Personen, während das Verhältnis im ganzen Lande 1000 : 1060 ist (in Stuttgart wie 1000 : 1079).

Die Zahl der Verheirateten verhält sich zu der der Ledigen in den Mittelstädten wie 520 : 1000, im ganzen Land wie 555 : 1000, in Stuttgart wie 540 : 1000. Wenn man bei den Mittelstädten die zahlreiche militärische Bevölkerung berücksichtigt, so ergibt sich, daß das Verhältnis von Stadt und Land in dieser Beziehung nicht wesentlich verschieden ist. Ein beträchtlicher Unterschied aber tritt zutage, wenn man nur die frühen Heiraten ins Auge faßt. Während im Landesdurchschnitt bei der männlichen Bevölkerung im Alter von 21—25 Jahren auf 1000 Ledige 59 Verheiratete kommen, ist das Verhältnis in Reutlingen 1000 : 100, in Göppingen 1000 : 116, in Tuttlingen 1000 : 122, in Heidenheim 1000 : 174, in Schwenningen 1000 : 246. Je zahlreicher die Arbeiterbevölkerung ist, desto häufiger sind die frühen Heiraten.

[1] Einschließlich Totgeborene.

In Stuttgart sind frühe Heiraten verhältnismäßig selten. Auf 1000 Ledige im Alter zwischen 21—25 Jahren kommen nur 49 Verheiratete dieses Alters. Dabei ist übrigens die starke Garnison nicht zu vergessen, die das Verhältnis natürlich sehr beeinflußt.

Im Jahre 1900 lebten von den Bewohnern Stuttgarts 164 695 in 35 575 Haushaltungen mit 2 und mehr Köpfen, 2775 (844 männliche und 1931 weibliche) in Einzelhaushalten, in Anstalten 7718 (5526 männliche und 2192 weibliche), von den 156 189 Bewohnern der anderen fünf Städte über 20 000 Einwohner 141 285 in 30 596 Familienhaushaltungen, 2487 (689 männliche, 1798 weibliche) in Einzelhaushalten, während 11 122 (10 189 männliche, 933 weibliche) in Anstalten untergebracht waren. Auf eine Haushaltung kamen in Stuttgart und den anderen Städten durchschnittlich 4,6 Köpfe, eine Zahl, die nur wenig unter dem Landesdurchschnitt (4,77) bleibt.

Die Zusammensetzung der Haushaltungen aber ist in diesen Städten wesentlich anders als im Landesdurchschnitt. In Stuttgart kommt auf 2,9, in den übrigen Städten auf 4,3 Haushaltungen 1 Dienstbote, während im Landesdurchschnitt ein solcher erst auf 7,7, in den Gemeinden unter 5000 Einwohner erst auf 11 Haushaltungen trifft. Die Zahl der in die Familiengemeinschaft des Arbeitgebers aufgenommenen Gewerbegehilfen dagegen ist in den größeren Städten geringer als außerhalb. In den Städten über 20 000 Einwohner kommt auf 5,8, in Stuttgart gar erst auf 6,6 Haushaltungen, im Landesdurchschnitt auf 5,2, in den Gemeinden unter 5000 Einwohnern auf 5 Haushaltungen 1 solcher Gewerbegehilfe. Anders dagegen ist wiederum das Verhältnis der Zahl der unter die Haushaltungsgenossen gerechneten Aftermieter, Kostgänger und Schlafgänger zur Zahl der Haushaltungen. In Stuttgart trifft schon auf 2,4, in den übrigen Städten über 20 000 Einwohnern auf 3,3, im ganzen Lande auf 7,5, in den Gemeinden unter 5000 Einwohner auf 16 Haushaltungen 1 Aftermieter usw. Ganz ähnlich ist das Verhältnis auch in den acht Städten mit 10 000—20 000 Einwohnern. Über die Wohnverhältnisse der Haushaltungen mit 2 und mehr Personen gibt umstehende Tabelle (S. 14) Aufschluß.

Die Zustände im Wohnungswesen der Mittelstädte sowohl als Stuttgarts erscheinen nach diesen Zahlen in einem nicht ungünstigen Licht. Aber das Bild ist wenig zuverlässig. Die Zahlen stellen das Mittel dar aus weit auseinander liegenden Extremen. Eine im Jahre 1895 in Stuttgart, Ulm, Heilbronn, Eßlingen und Cannstatt veranstaltete Erhebung ergab, daß in Stuttgart von 11 342 Wohnungen mit nur einem heizbaren Zimmer 9700 von 1—5 Personen, 1535 von 6—9 und 107 von 10 und mehr

Personen bewohnt waren, daß in Ulm 518 von 3703 solcher Wohnungen 6—9 Bewohner, 27 10 und mehr Bewohner hatten. In Heilbronn wurden 3025 solcher Wohnungen gezählt, in 528 derselben wohnten 6 und mehr Personen. In Eßlingen[1] wohnten in 429 von 2210, in Cannstatt in 436 von 2240 Wohnungen mit einem heizbaren Zimmer 6 und mehr Personen. Geht man noch eine Stufe tiefer und betrachtet nur diejenigen Wohnungen, die außer dem einen heizbaren Zimmer gar keine Wohngelasse mehr haben, so ergibt sich, daß in Stuttgart 862 solche Wohnungen mit je 3—6 Bewohnern vorhanden waren, in Ulm 128, in Heilbronn 162, in Eßlingen 78, in Cannstatt 119; 6300 Personen wohnten in Stuttgart in 2992 Wohnungen mit einem heizbaren Zimmer ohne jeden weiteren Wohnraum, in Ulm 966 Personen in 490 solcher Wohnungen, in Heilbronn 1163 in 524, in Eßlingen 596 in 314, in Cannstatt 803 in 359.

	Eigene Wohnung	Mietwohnung	Zahl der Haushaltungsgenossen auf einen Wohnraum	Zahl der Wohnräume auf eine Haushaltung
Stuttgart	14 %	83 %	1,03	4,5
Gemeinden mit 20—50 000. .	27 %	70 %	1,15	4
„ 10—20 000. .	39 %	56 %	1,17	4,1
„ unter 10 000 .	79 %	18 %	1,36	3,5

Was die Gliederung der Bevölkerung nach dem Religionsbekenntnis betrifft, so überwiegen nur in Gmünd und Ravensburg die Katholiken; sie machen hier 68 bzw. 79 % der Bevölkerung aus. Das Verhältnis der Evangelischen zu den Bekennern anderer Konfessionen bzw. Religionen bewegt sich in den übrigen Städten zwischen 68 % (Ulm) und 91 % (Reutlingen).

Auf die von der Industrie lebende Bevölkerung entfallen in Tübingen 30 %, in Ludwigsburg 34 %, in Ulm 37 %, in Stuttgart 47,2 % der Gesamteinwohnerzahl; zwischen 50 und 60 % in Heilbronn, Ravensburg, Reutlingen und Eßlingen, zwischen 60 und 70 % in Cannstatt und Gmünd, zwischen 70 und 80 % in Göppingen, Heidenheim, Schwenningen und (77 %) Tuttlingen. Die Zahl der in der Industrie unselbständig Erwerbstätigen, d. h., wenn man das nicht zahlreiche Aufsichtspersonal außer Betracht läßt, *die Zahl der Industriearbeiter, ist am geringsten in Tübingen,* wo sie nur

[1] Ohne die ländlichen Filialorte.

7 % der städtischen Bevölkerung beträgt. Zwischen 10 und 15 % macht die Arbeiterschaft aus in Ludwigsburg und Ulm, zwischen 15 und 20 % in Stuttgart (18,6 %) und Heilbronn, 20—25 % in Reutlingen, Ravensburg, Eßlingen, Gmünd und Cannstatt, 25—30 % in Tuttlingen, Schwenningen, Heidenheim (29 %) und Göppingen (29 %). Die absolut größte Zahl von Industriearbeitern beherbergen Stuttgart (28 638) und Heilbronn (6242); es folgen Ulm, Cannstatt und Eßlingen je mit 5000—6000, sodann Göppingen und Gmünd mit 4711 bzw. 4143, Reutlingen mit 3995, Tuttlingen, Ravensburg, Heidenheim und Schwenningen mit 2000—3000 und endlich Tübingen mit 1044.

Die zahlreichste zur Gruppe Handel und Verkehr zu rechnende Bevölkerung weisen Stuttgart und Ulm auf, wo sie 24 bzw. 23 % der Gesamtbevölkerung ausmacht[1]. In geringem Abstand folgt Heilbronn, nächst Stuttgart der bedeutendste Sitz des württembergischen Großhandels, mit 21 %, weiterhin Tübingen, wo die Universität einen günstigen Boden für die verschiedensten kleineren Handelsbetriebe geschaffen hat, mit 16 %. Unter 16 % bis einschließlich 10 % ist der Anteil der Handelsbevölkerung in Ravensburg, Cannstatt, Reutlingen, Eßlingen, Ludwigsburg, Göppingen und Gmünd, unter 10 % in Tuttlingen, Heidenheim und Schwenningen (6 %). Der Landesdurchschnittssatz ist 8 %.

Den geringsten Prozentsatz landwirtschaftlicher Bevölkerung hatte i. J. 1895, entsprechend seiner kleinen Markung, Ludwigsburg (2 %), den größten Eßlingen mit seinen ländlichen Filialorten und Tübingen (je 15 %). Der Landesdurchschnittssatz ist 45 %.

Die sogen. freien Berufsarten sind am stärksten vertreten in den beiden großen Garnisons- und Beamtenstädten Ludwigsburg (42 %) und Ulm (28 %). Über 10 % weisen ferner auf die Universitäts- und Garnisonsstadt Tübingen (18 %), Stuttgart (13,4 %) und die Garnisonsstadt Gmünd (12 %). Am geringsten ist ihr Anteil in dem „Pfarrdorf" Schwenningen mit 2 % (Landesdurchschnitt 5,34 %).

Im Verhältnis der Zahl der Berufslosen zur Gesamtbevölkerung steht Tübingen weitaus an erster Stelle mit 19 %, ein Prozentsatz, der durch die Universität hinreichend erklärt wird. Sehr beträchtlich für eine Großstadt ist der Anteil dieser Bevölkerungsklasse an der Gesamtbevölkerung Stuttgarts, nämlich 11 %. Es folgen Cannstatt, Ludwigsburg, Reutlingen, Gmünd und Ravensburg mit je 10 %. Von diesen Städten hat Cannstatt die

[1] Die Zahl ist stark beeinflußt durch die sehr vielen Post- und Eisenbahnunterbeamten, die in Ulm ihren Wohnsitz haben.

kleinste Zahl von nichtmilitärischen Anstaltsinsassen und den größten Ertrag an Kapital- und Renteneinkommensteuer, und dürfte daher die allgemein verbreitete Annahme gerechtfertigt sein, daß Cannstatt verhältnismäßig die größte Zahl von Rentiers beherbergt. Am geringsten ist der Prozentsatz in den drei rasch emporgewachsenen kleineren Industriestädten Heidenheim (6 %), Tuttlingen (3 %) und Schwenningen (2 %). Der Landesdurchschnittssatz ist 6 %

Das Verhältnis der Erwerbstätigen zu den Nichterwerbstätigen, der Ernährer zu den Ernährten ist bei der Gruppe Industrie am günstigsten in Ulm, nämlich 51 : 49. Unter dem Landesdurchschnitt von 45 : 55 bleibt nur Schwenningen mit 43 : 57. In der Gruppe Handel und Verkehr schwankt das Verhältnis zwischen 46 : 54 (Ravensburg) und 37 : 63 (Schwenningen), bei der landwirtschaftlichen Bevölkerung zwischen 55 : 49 (Ulm und Ravensburg) und 40 : 60 (Tübingen). Der Landesdurchschnitt ist in den beiden letzten Gruppen 42,7 : 57,3 bzw. 46,8 : 53,2.

In Stuttgart machen die berufslosen Haushaltungsangehörigen 43,5 % der Bevölkerung aus.

III. Stadtgebiet, Eingemeindung.

Die Stuttgarter Markung ist oder war doch bis vor kurzer Zeit ungünstig nach Lage, topographischer Gestaltung und Größe. Bis zum Jahre 1836 war die Stadt überhaupt ganz vom Neckartal, der natürlichen Hauptverkehrsstraße, abgeschlossen. Erst in jenem Jahre wurde die Stadtgrenze infolge der Eingemeindung eines kleinen Teils von Cannstatt, Berg, an den Neckar bzw. wenigstens ein kurzes Stück eines Seitenkanals desselben vorgeschoben.

Während sich die Markungsgrenze nach der dem Neckar abgekehrten Seite ausbaucht, verengt sie sich nach dem hauptsächlichsten Ausdehnungsgebiet der Stadt bis auf ein Minimum. Abgesehen davon, daß die Stadt ein natürliches Bestreben hat, sich dem Fluß zuzuwenden, ist sie namentlich deshalb darauf angewiesen, sich nach dieser Richtung zu erweitern, weil nach der entgegengesetzten Seite die stark ansteigenden Wandungen des Kessels, in dem die Stadt liegt, ihrer Ausbreitung jedenfalls bis zu einem gewissen Grad widerstreben. Um die Wende des Jahrhunderts standen zudem der Stadt von ihrer 2980 ha großen Markung kaum 900 ha Baugelände zur Verfügung, dabei meist Grundstücke, die trotz ihrer großenteils wenig günstigen allgemeinen Verkehrslage infolge ihrer intensiven Bewirtschaftung sehr hoch im Preise standen.

Kein Wunder, daß unter diesen Umständen die Stadt in den letzten Jahren und Jahrzehnten über ihre Grenzen auf die Nachbargebiete übertrat, zunächst nach Norden. Ein für den Güterverkehr, namentlich auch für den bedeutenden Obsthandel Stuttgarts sehr wichtiger Bahnhof, der Nordbahnhof, mußte teilweise auf Cannstatter Markung gelegt werden, was die schwersten Mißstände zur Folge hatte. Die Stuttgarter Gewerbetreibenden mußten z. B. für ihren Handelsbetrieb am Bahnhof Wanderlagersteuer nach Cannstatt bezahlen, was auf den Handel natürlich in hohem Maße lähmend wirkte. Die Bewohner des in der Umgebung des Bahnhofs rasch entstandenen und anwachsenden, zu Cannstatt gehörigen, durch einen königlichen Park aber völlig davon getrennten Stadtteils mußten schwere Klagen zu führen über mangelhafte bzw. mangelnde Fürsorge durch ihre Stammgemeinde, mit der sie allerdings in so gut wie gar keinen wirtschaftlichen Beziehungen standen.

Versuche, diese Mißstände durch eine Markungsregulierung zu beseitigen, wurden zuerst 1896 von der sehr dabei interessierten königlichen Staatseisenbahnverwaltung, die in jener Gegend Wohngebäude für Eisenbahnangestellte errichtet hatte und weiter errichten wollte, und dann auch von der Stadt Stuttgart selbst gemacht. Trotzdem aber Stuttgart sich erbot, die Nachbarstadt für etwaige finanzielle Nachteile aus der Regulierung schadlos zu halten, lehnte Cannstatt das Ansinnen rundweg ab.

Erfolgreicher waren die Bemühungen Stuttgarts nach Erweiterung der Markung gegen Osten, gegenüber der Gemeinde Gaisburg. Auch nach dorthin hatte eine Grenzüberschreitung stattgefunden. Die Straßen des 1891 gegründeten Stadtteils Ostheim setzten sich auf Gaisburger Gebiet fort. Das aus Privathänden in städtischen Besitz übergegangene Gaswerk der Stadt lag ebenfalls auf Markung Gaisburg. Schon zu Ende 1897 begannen die Verhandlungen mit dieser Gemeinde. Sie fanden ihren vorläufigen Abschluß durch die Vereinbarung vom 25. März 1899, durch die Gaisburg seinen Übertritt in den Amts- und Gemeindeverband von Stuttgart erklärte, während die Stadt sich verpflichtete, einige Straßen herzustellen, den Bau einer Straßenbahn dorthin zu betreiben und den neuen Stadtteil mit Gas zu versorgen. Die Amtskörperschaft, der Gaisburg angehörte, widersetzte sich anfänglich der Entlassung dieser Gemeinde aus ihrem Verband entschieden und verlangte zum mindesten für die ihr durch die Entlassung entgehende Steuerkraft eine Abfindung, zuerst von gegen 52 000 Mk.; später ermäßigte sie ihre Forderung auf 30 000 Mk. und schließlich kam eine Einigung dahin zustande, daß die Amtskörperschaft in die Lostrennung einwilligte, wogegen Stuttgart „als Ersatz des Mehraufwands, welcher dieser Körperschaft durch Fortreichung der Gehälter ihrer ständigen Beamten in dem bisherigen Umfang erwächst", eine Entschädigung von 10 000 Mk. zu leisten, sowie für sich und Gaisburg auf den Anteil der Gemeinde an dem nicht unbedeutenden Amtskörperschaftsvermögen zu verzichten versprach. Durch Gesetz vom 5. Februar 1901 wurde sodann die Eingemeindung Gaisburgs mit Wirkung vom 1. April 1901 ab verfügt.

Stuttgart erhielt hierdurch einen Einwohnerzuwachs von 4764 Köpfen. Der Zuwachs an Gebiet war zwar nicht sehr groß (254 ha), aber wertvoll. Die Stadt bekam so einen weiteren Stützpunkt im Neckartal und gewann Raum für industrielle Anlagen, sowie vor allem auch für sein neu herzustellendes Schlachthaus; nur 8,1 % des neuen Gebiets war schon überbaut, der größte Teil war Baugelände.

Die Stuttgarter Markung setzte sich nunmehr folgendermaßen zusammen:

	ha	% der Gesamtfläche
1. Gebäude und Hofstätten, Bau-, Arbeits- und Lagerplätze	441	13,64
2. Straßen, Wege, öffentliche Plätze, Eisenbahnen . .	478	14,78
3. Flüsse, Bäche, Teiche	10,5	0,32
4. Öden, Steinbrüche, Sandgruben	36,4	1,13
5. Äcker, Gärten, Länder (einschließlich Baumäcker) . .	597,46	18,47
6. Wiesen (einschließlich Gras- und Baumgärten) . .	259,43	8,02
7. Weiden	1,9	0,06
8. Weinberge.	465,39	14,39
9. Waldungen	944	29,19
Zusammen	3 234,08 ha	

In kurzem wird die auch nach jener Erweiterung noch viel zu kleine Markung der Stadt eine weitere, gewaltige Ausdehnung erfahren: Drei Eingemeindungsverträge sind bereits abgeschlossen und warten, da auch mit der Amtskörperschaft Cannstatt, der die drei Gemeinden angehören, eine Einigung erzielt worden ist, nur noch der Bestätigung durch Gesetz. Im November 1901 kam die Vereinbarung mit Wangen, im Dezember 1902 mit Untertürkheim und im Oktober 1904 mit Cannstatt zustande. Alle drei Gemeinden sind im Neckartal gelegen. Sie werden der Stadt einen Bevölkerungszuwachs von 34 625 Seelen (Cannstatt 26 497, Untertürkheim 4954, Wangen 3174) und einen Markungszuwachs von 2497 ha bringen, und es wird also Stuttgart nach Vollzug der Eingemeindungen 216088 Einwohner[1] und eine Markung von 5731 ha haben.

Am einfachsten gestalteten sich die Verhandlungen mit Wangen und Untertürkheim. Diese beiden, links bzw. rechts vom Neckar gelegenen Gemeinden stoßen mit ihren Markungen an diejenige Stuttgarts, ohne daß jedoch von irgendeiner Seite her bereits eine Überflutung der Grenzen platzgegriffen hätte oder auch nur in nächster Zeit bevorstände. Aber sie stehen schon längst in den engsten wirtschaftlichen Beziehungen zu Stuttgart, namentlich Wangen als Lieferant landwirtschaftlicher Erzeugnisse und menschlicher Arbeit für die Stadt, weniger Untertürkheim, das in den letzten Jahren sich gewaltig entwickelt und eine bedeutende Industrie, in der Hauptsache auf Kosten Stuttgarts, an sich gezogen hat. Bei dieser Gemeinde war es vornehmlich ihr großes Elektrizitätswerk, das der Stadt die Eingemeindung wünschenswert machte, da es eine wertvolle Ergänzung ihres eigenen Werks zu werden versprach.

Äußerst wechselvoll und langwierig waren die Verhandlungen mit Cannstatt, das seit Jahren schon tatsächlich mit Stuttgart vereinigt ist, dessen volle Einverleibung in Stuttgart eine natürliche Folge der Entwicklung beider Städte ist und als solche vor sich gehen mußte. Der Vorteil für Stuttgart aus der Eingemeindung ist offensichtlich. Sie verdoppelt die überbaubare Fläche der Stadt und sichert ihr die Früchte der Äußerungen ihrer Lebenskraft in ganz anderem Maße als bisher; denn daß Cannstatt, ohne Parasit zu sein, in der Hauptsache sein Wachstum und Emporblühen nicht so sehr eigener Kraft als vielmehr der Nachbarschaft der Hauptstadt verdankt, ist nicht zweifelhaft.

Weniger offensichtlich sind die Vorteile für die Stadt Cannstatt und sie schienen lange Zeit einem großen Teil ihrer Einwohnerschaft geringfügig gegenüber dem Verlust der Selbständigkeit der Stadt, und daraus erklärt sich auch der lange und heftige Widerstand. Aber daß solche Vorteile vorhanden sind, ist unbestreitbar und daß sie groß sind, beweist am meisten eben die Tatsache, daß jener Widerstand aufgegeben wurde, daß Cannstatt in die Eingemeindung willigt; denn das Opfer der Selbständigkeit eines sehr alten, kräftigen Gemeinwesens ist ein außerordentliches, erklärlich nur durch ein außerordentliches Äquivalent.

Mit Recht wohl erwartet Cannstatt, das seinen Namen auch in Zukunft als Stadtteil beibehalten wird, daß die Eingemeindung mit der im Vertrag ausbedungenen Verbesserung der bisherigen, wirklich unzureichenden

[1] Nach der Zählung von 1900.

Einrichtungen für den Verkehr zwischen den beiden Städten eine Periode mächtigeren Aufschwunges der Stadt bzw. des künftigen Stadtteils inaugurieren werde, als unter den bestehenden Verhältnissen je möglich gewesen wäre.

Die Reihe der Eingemeindungen ist hiermit wohl noch nicht abgeschlossen. Die Gemeinden Degerloch, Kaltental und Botnang im Süden und Südwesten, Münster im Nordosten der Stadt suchen ebenfalls ihr Heil im Aufgehen in Stuttgart, und es ist jedenfalls auch nur noch eine Frage der Zeit, bis ihr Bestreben von Erfolg gekrönt sein wird. Von einem dringenden Bedürfnis auf seiten Stuttgarts kann aber nach Vollzug der vorerwähnten Eingemeindungen nicht mehr die Rede sein. Die Stadt legt denn auch kein allzu großes Interesse dafür an den Tag und will sich namentlich keine Bedingungen vorschreiben lassen weder von den Gemeinden selbst, noch von den Amtskörperschaften, zu denen sie gehören. Die Beziehungen dieser Gemeinden zu Stuttgart sind allerdings sehr eng. Degerloch, auf den südlichen Höhen von Stuttgart gelegen, schließt die Villenkolonie der Stuttgarter Bevölkerung in sich und bildet offensichtlich weit mehr als die meisten anderen Vor- bzw. Nachbarorte von Stuttgart schon jetzt einen Teil der Stadt, obgleich die gemeinschaftliche Markungsgrenze noch nicht überbaut ist. Die anderen drei Gemeinden stehen zu Stuttgart rein, Degerloch wenigstens teilweise im Verhältnis von Arbeiterwohngemeinde zum Betriebsort.

Bei den württembergischen Mittelstädten ist, wenn man bloß rein äußerlich das Verhältnis des angebauten zu dem noch nicht angebauten Teil der Markung betrachtet, überall die Ausdehnungsmöglichkeit auf eigenem Gebiet vorhanden. Die Größe der Stadtmarkungen schwankte am 1. Dezember 1900 bei den einzelnen Städten zwischen 6,53 qkm (Ludwigsburg) und 38,61 qkm (Tuttlingen); im Mittel der 13 Städte betrug sie 22,64 qkm. Die überbaute Fläche (Haus- und Hofräume) machte im Jahre 1893 weniger als 2 % der Gesamtmarkung aus bei 4 Gemeinden (Schwenningen, Tuttlingen, Heidenheim und Eßlingen), zwischen 2 und 4 % bei 6 Gemeinden (Tübingen, Reutlingen, Heilbronn, Ravensburg, Gmünd und Göppingen), zwischen 4 und 6 % bei 2 Gemeinden (Cannstatt und Ulm), über 6 %, (13,25 %) bei Ludwigsburg.

Die überbaute Fläche ist nirgends ungewöhnlich dicht bewohnt. Während im Landesdurchschnitt ein Wohngebäude von 6,9 Menschen bewohnt ist, kommen auf eine bewohnte Baulichkeit in den 8 Gemeinden von 10 000—20 000 Einwohnern 11,3, in den 5 Gemeinden von 20 000—50 000 Einwohnern 13,8 Bewohner. Am höchsten ist die Belegungsziffer bei Ludwigsburg, nämlich 16,7, am niedersten bei Heidenheim mit 8,21. Ist bei

Ludwigsburg die Zahl an sich schon nicht hoch, so erscheinen die dortigen Wohnverhältnisse in noch günstigerem Lichte, wenn man die starke Garnison in Betracht zieht und weiter noch erwägt, daß im Jahre 1893 auf einen Einwohner 49,7 qm an Haus- und Hofräumen kamen, während die entsprechende Ziffer im Durchschnitt der 13 Gemeinden nur 37,5 ist. Ludwigsburg hat also eine besonders weiträumige Bauweise, über deren volkshygienische Bedeutung hier kein Wort zu verlieren ist.

Trotz der für die Ausdehnung scheinbar genügenden Größe der Markung hat bei einigen Städten bereits eine Überflutung der Grenze stattgefunden: Ulm und Neuulm, Heilbronn und Böckingen, Eßlingen und Obereßlingen, Cannstatt und Stuttgart sind ganz oder doch nahezu vollständig zusammengewachsen. Ludwigsburg, auf dessen Verhältnisse sogleich näher eingegangen werden wird, hat bereits die Eingemeindung zweier benachbarter Dörfer vollzogen. Es sind dies die ersten Fälle von Eingemeindung außerhalb der Landeshauptstadt, aber es wird wohl nicht mehr allzu lange währen, bis weitere folgen. Die Gemeinde Böckingen petitioniert schon seit lange um den Anschluß an Heilbronn. Bis jetzt hat sie noch kein williges Gehör gefunden. Trotzdem der Heilbronner Rangierbahnhof ganz auf Böckinger Markung gelegt werden mußte, hat Heilbronn kein sehr erhebliches Interesse an der Eingemeindung jenes Dorfes, denn die Stadt kann sich fortan nach anderer Richtung hin genügend ausdehnen, und sie fürchtet wohl nicht mit Unrecht einen wenig erfreulichen Einfluß auf ihre Finanzen aus der Verschmelzung mit der nicht glänzend gestellten Arbeiterwohngemeinde Böckingen.

Ganz ähnlich liegen die Verhältnisse auch bei Eßlingen. Besonders ungünstig ist Ulm gestellt, wo die Stadtmarkungsgrenze teilweise zugleich Landesgrenze ist. Die Stadt hat sich auf das rechte Donauufer ausgedehnt und daselbst die 1900 rund 9 500 Einwohner zählende Stadt Neuulm entstehen lassen, die aus dem Nachbarschaftsverhältnis ungleich mehr Vorteile zieht als Ulm, denn Ulm gibt nicht etwa seine Arbeiterbevölkerung dorthin ab, sondern in der Hauptsache Angehörige der besser situierten Bevölkerungskreise, die vielfach die billigeren Wohnungen Neuulms aufsuchen. Nachdem nunmehr die Niederlegung der Stadtumwallung beschlossen und bereits im Gange ist, wird sich die Stadt namentlich nach Westen ausdehnen. Dort haben sich bereits Kollisionen mit der benachbarten Gemeinde Söflingen ergeben, die aber jetzt ihre Lösung in der Eingemeindung dieser Gemeinde finden: im Dezember 1904 wurde ein Vertrag abgeschlossen, demzufolge Söflingen mit Wirkung vom 1. Oktober 1905 ab in Ulm aufgeht. Ulm erhält damit einen Markungszuwachs von 1448 ha und einen Bevölkerungszuwachs von 3393 Einwohnern. Das Interesse an dieser Eingemeindung lag zunächst auf seite Söflingens; denn die Ulmer Grenze entfernt sich nach dieser Richtung ziemlich weit von der Stadt, während anderseits Söflingen bereits seine Markungsgrenze gegen Ulm überschritten hat. Aber eben dieser letztere Umstand und der weitere, daß der zu erwartende Gang der Dinge offenbar auf eine Vereinigung der Gemeinden hinwies, begründete ein lebhaftes Interesse Ulms an der Entwicklung Söflingens und damit auch an der Eingemeindung.

Ein bemerkenswertes Beispiel für die Bedeutung einer genügend großen, günstig gestalteten Markung bietet Ludwigsburg. Die Stadtmarkung ließ im Norden, Nordwesten, Westen und Süden keine Ausdehnung der Stadt mehr zu und doch war ein Ausdehnungsbedürfnis nach diesen Richtungen — in viel geringerem Maß nach der Seite hin, wo sich die Markungsgrenze weiter von der Stadt entfernte — vorhanden. Eine Erweiterung des dort gelegenen Bahnhofs z. B. wäre nicht zu bewerkstelligen gewesen ohne ein Übergreifen auf die hart anstoßenden fremden Markungen. Trotz der Ungunst der Markungsverhältnisse dehnte sich denn auch wirklich, weil eben hier die Lage am günstigsten war, die Stadt nach diesen Richtungen aus. Aber diese nur tatsächlich, nicht auch rechtlich zur Stadt gehörigen Bauquartiere waren in einer überaus üblen Lage. Ihre Markungsgemeinden benützten sie zwar als willkommene Steuerquellen, ließen es aber so ziemlich an allem fehlen, was ein Gemeinwesen seinen Angehörigen gemeinhin zu leisten pflegt; denn ein weiteres als ein steuerliches Interesse am Aufblühen dieser von ihnen ganz losgetrennten Ortsteile konnten sie nicht haben, und alle wirtschaftlichen und persönlichen Beziehungen wiesen die Bewohner an die Stadt, der sie sich angeschlossen hatten. Jenes einzige Interesse ihrer Stammgemeinde aber stand und fiel mit deren Untätigkeit in bezug auf sie; denn die Schaffung der erforderlichen Einrichtungen, wie Wasserversorgung, Kanalisation, Straßenbeleuchtung, Feuer- und Sicherheitspolizei usw. wäre natürlich bei der großen räumlichen Trennung mit unverhältnismäßig hohen Kosten verknüpft gewesen. Aber auch soweit der gute Wille zur Besserung der vorhandenen Übelstände seitens der Markungsgemeinde vorhanden war, scheiterte seine Ausführung an dem passiven Widerstande der Stadt, ohne deren Mitwirkung bzw. Bereitwilligkeit zur Gestattung der Mitbenutzung ihrer Einrichtungen, z. B. die Schaffung einer Kanalisation für die betr. Ortsteile, ausgeschlossen war. Auch sie hatte eben keine Ursache, das Wachstum solcher Anhängsel, die außerhalb ihrer Einflußsphäre gelegen waren, zu fördern. Im Gegenteil, ihr Interesse wies sie darauf hin, die Verhältnisse sich so auswachsen zu lassen, daß ihre Ungunst ihrem eigenen Ausdehnungsbedürfnis dienstbar gemacht werden konnte, und diese Politik erwies sich als durchaus richtig. Im November 1901 vollzog sich, nicht auf den Antrag der Stadt, sondern der betr. Gemeinden, die Eingemeindung des nordwestlich gelegenen Dorfes Eglosheim, im März 1903 die von Pflugfelden im Westen der Stadt, die nunmehr eine Markung von 1685 ha hat. Es fehlt noch die Abrundung der Markung nach Süden, wo ein Teil der anstoßenden Markung der Gemeinde Kornwestheim zu Ludwigsburg geschlagen werden soll. Während aber die Eingemeindung von Eglosheim und Pflugfelden ohne sehr erhebliche Schwierigkeiten vor sich ging', ist bei Kornwestheim ein hartnäckiger Widerstand zu überwinden, da diese Gemeinde zwar bereit ist, sich ganz mit Ludwigsburg zu vereinigen, der Lostrennung des an Ludwigsburg angrenzenden, überbauten, ein wertvolles Steuerobjekt darstellenden Markungsteils aber mit allen Kräften widerstrebt. Daß letzterer bei seiner 2,5 km betragenden Entfernung von Kornwestheim sofort aufhören würde, die Gemeindekasse günstig zu beeinflussen, wenn die Muttergemeinde ihren Pflichten in bezug auf diesen Ortsteil voll nachkäme, verkennt die Gemeinde nicht. Aber sie stellt sich eben auf den Standpunkt, daß unter den bestehenden Verhältnissen die Entwicklung jener ihrer Ortsteile nicht möglich sei, und daß letztere daher in solange auch keinen namhaften Aufwand verursachen werden. Die Stadt Ludwigsburg ihrerseits legt nicht den geringsten Wert darauf, die ganze Markung Kornwestheim zu besitzen, und glaubt nicht verpflichtet zu sein, durch Übernahme dieser finanziell weit weniger gut gestellten, 2600 Einwohner zählenden Gemeinde sich zu belasten, da Kornwestheim zu Ludwigsburg nicht eben im Verhältnis einer Arbeiterwohngemeinde zur Betriebsgemeinde steht und auch die verkleinerte Markung von Kornwestheim dessen Bedürfnissen noch vollauf genügt. Der Streitfall wird wohl dadurch erledigt werden, daß Ludwigsburg Kornwestheim für den durch die Abtrennung der in Frage stehenden Parzellen entstehenden Einnahmenausfall durch Zahlung einer baren Abfindungssumme entschädigt. Die Regierung hat im Dezember 1904 einen Gesetzentwurf bei den Ständen eingereicht, wonach der fragliche Teil der Kornwestheimer Markung zu Ludwigsburg geschlagen werden und Kornwestheim von Ludwigsburg eine Abfindungssumme von 50 000 Mk. erhalten soll, welche den sechzehnfachen Betrag des jährlichen Überschusses der Einnahmen der Muttergemeinde aus dem Ortsteil über ihre Ausgaben dafür darstellt. Ob und in welcher Gestalt der Entwurf Gesetz wird, ist nach dem Ergebnis der ersten Lesung des Entwurfs noch nicht abzusehen.

Das für Eingemeindungsangelegenheiten gültige Recht zeichnet sich nicht gerade durch große Klarheit und Schärfe aus. Bis vor nicht allzulanger Zeit schien eben der Fall, daß einer Gemeinde, namentlich einer der Mittelstädte ihre Markung zu eng werde, so sehr außerhalb des Bereichs der Wahrscheinlichkeit zu liegen, daß an eine erschöpfende gesetzliche Regelung der Sache nicht gedacht wurde.

Die Verfassungsurkunde von 1819 sieht nur den Fall der Änderung der Oberamtsbezirke, nicht auch der Gemeindebezirkseinteilung, vor und schreibt hierfür, weil damit zugleich eine Veränderung der Wahlbezirke für die Landtagswahlen verbunden ist, die Betretung des Gesetzgebungsweges vor. Auch das Verwaltungsedikt von 1822, die Hauptgrundlage des Gemeindeverwaltungsrechts, enthält über den Zusammenschluß verschiedener Gemeinden keine Vorschriften.

Es sind hiernach folgende Fälle auseinanderzuhalten:

I. Die Eingemeindung hat eine Änderung der Oberamtsbezirkseinteilung zur Folge.

II. Sie bewirkt keine derartige Veränderung.

Im ersteren Fall, der wohl nur für Stuttgart praktisch ist, ist, wie gesagt, ein Spezialgesetz erforderlich. Für den zweiten Fall fehlen besondere gesetzliche Normen. Die Grundsätze hierfür sind vielmehr nur in einem Ministerialerlaß (vom 14./19. Oktober 1839) niedergelegt. Eine Veränderung der bestehenden Gemeindebezirkseinteilung, sei es, daß hierdurch die Zahl der Gemeinden vermindert wird oder gleichbleibt, hat hiernach in der Regel im Wege freier Vereinbarung zwischen den beteiligten Gemeinden zu erfolgen. Der Erlaß geht aber davon aus, daß nach § 62 der Verfassungsurkunde, wonach die Gemeinden „die Grundlagen des Staatsvereins" sind, die Einteilung des Staatsgebiets in Gemeindebezirke auf dem Organisationsrecht der Staatsgewalt beruhe, daß eine Änderung darin also keine rein interne Angelegenheit der beteiligten Gemeinden sei und daß daher die Vereinbarung der staatlichen Genehmigung bedarf, der Genehmigung durch die Kreisregierung. Sie soll an die Voraussetzung gebunden sein, daß der bisherige Verband „nach den örtlichen Verhältnissen wo nicht entschieden nachteilig, doch in der Art ohne Nutzen ist, daß eine Vereinigung der Interessen der Orte aus Gründen, welche nicht bloß vorübergehender Natur sind, voraussichtlich nie zustande kommen wird". Wenn es sich um bloße Abtrennung einzelner Parzellen und Zuweisung an eine andere Gemeinde handelt, so muß der zurückbleibende Verband diejenigen Mittel behalten, welche die notwendigen Bedingungen der Gründung einer selbständigen Gemeinde sind, d. h. die Markung muß noch einen hinreichenden Umfang haben und die Abtrennung darf namentlich nicht eine derartige Schwächung der finanziellen Leistungsfähigkeit der Gemeinde zur Folge haben, daß die Bestreitung des notwendigen Gemeindeaufwands dadurch in Frage gestellt wird.

Kommt eine Vereinbarung nicht zustande, so kann die Eingemeindung, wenn sie dem öffentlichen Wohl förderlich scheint, auch gegen den Willen der dadurch aus ihrem Gemeindeverband loszureißenden Staatsbürger verfügt werden. In diesem Fall entscheidet nicht die Kreisregierung, sondern das Ministerium des Innern über die Zulässigkeit der Eingemeindung.

Hinsichtlich der Kosten der Trennung und der Auseinandersetzung der Vermögensverhältnisse und dem zurückbleibenden Gemeindeverband sollen, falls eine gütliche Einigung nicht zustande kommt, folgende Grundsätze gelten:

1. Geschieht die Trennung auf den einseitigen Wunsch einer Parzelle, so hat diese die Kosten der Trennung zu tragen und ihren bisherigen Anteil an den Besoldungen der unentlaßbaren Gemeindediener bis zu ihrem Abgang fortzuleisten.

2. Geschieht die Trennung auf den gemeinschaftlichen Wunsch der beteiligten Gemeinden, so sind die durch die Trennung verursachten Kosten nach dem Steuerfuß zu verteilen, während die durch die erforderlichen Organisationsänderungen verursachten Ausgaben von jeder Gemeinde für sich getragen werden.

3. Das gemeinsame Vermögen ist, falls nicht besondere Rechtsverhältnisse eine Ausnahme von der Regel begründen, nach dem Verhältnis des Steuerkapitals zu teilen, aber nur, wenn die abgetrennte Parzelle eine selbständige Gemeinde werden will. Andernfalls, d. h. wenn sie einer anderen Gemeinde zugeteilt werden soll, braucht ihr die verkleinerte Gemeinde keinen Anteil an ihrem Vermögen einzuräumen.

Jede Veränderung der Gemeindebezirkseinteilung wird im Regierungsblatt bekannt gemacht.

Dies ist im wesentlichen der Inhalt des Ministerialerlasses von 1839, aber die neuere Praxis hält sich nicht mehr streng an seine Bestimmungen. Anläßlich der Beratung der Vereinigung von Stuttgart und Gaisburg hat der Staatsminister des Innern in der Kammer der Abgeordneten erklärt, daß die Vorschriften jenes Erlasses zum Teil veraltet seien und den Bedürfnissen der Gegenwart nicht vollständig Rechnung tragen. Das Ministerium trägt insbesondere Bedenken, Gemeindebezirksveränderungen gegen den Willen der Beteiligten von sich aus vorzunehmen, und das mit Grund; denn daß die Regierung nicht das Recht hat, ohne gesetzliche Ermächtigung das Gebiet einer Gemeinde ohne deren Willen zu beschneiden oder ihr gar ihre Selbständigkeit ohne weiteres wegzudekretieren, während sie z. B. nicht einmal ein unbestrittenes Recht hat auf Einstellung auch nur des geringfügigsten Ausgabepostens in den Gemeindeetat, mag seine Zweckmäßigkeit auch noch so einleuchtend sein, ist doch eigentlich kaum zweifelhaft, und es wird denn auch jetzt, wie aus dem Fall Ludwigsburg-Kornwestheim hervorgeht, selbst bei bloßer Abtrennung einzelner Markungsteile gegen den Willen ihrer seitherigen Markungsgemeinde ein Gesetz für notwendig erachtet.

Was die vermögensrechtliche Auseinandersetzung betrifft, so sind die Schwierigkeiten gering, wenn es sich um die Eingemeindung ganzer Gemeinden innerhalb eines und desselben Oberamtsbezirks handelt. Die kleinere Gemeinde geht einfach in der größeren auf und tritt in alle ihre Rechtsverhältnisse ein; eine vermögensrechtliche Sonderstellung eines Stadtteils wäre mit der Einheitlichkeit des Verbands unverträglich und würde wohl merkwürdige Zustände schaffen. Es kann sich bei einer Eingemeindung nur um den Erlaß von Übergangsbestimmungen handeln, durch die der Verschmelzungsprozeß begünstigt werden soll: Ausdehnung der städtischen Einrichtungen auf den neuen Stadtteil, Aufrechterhaltung der für die frühere selbständige Gemeinde erlassenen Ortsstatuten, die auf ihre Verhältnisse und nur hierauf zugeschnitten sind, namentlich Beschränkung der Gültigkeit einzelner städtischen Ortsstatuten auf das alte Stadtgebiet für bestimmte Zeitdauer und dergl.

Schwieriger gestaltet sich das Verfahren im Fall der Loslösung einer Gemeinde aus ihrem bisherigen Amtskörperschaftsverband, d. h. dann, wenn die beiden Gemeinden in verschiedenen Oberamtsbezirken liegen. Hier steht die Regierung auf dem Standpunkt, und die Stände teilen ihn auch, daß eine Ausgleichung der finanziellen Folgen der Bezirksänderung zwischen der vergrößerten Gemeinde und der Amtskörperschaft stattzufinden hat, daß, wenn die Differenz zwischen der Steuerleistung der vom Verband losgelösten Gemeinde und der Gegenleistung der Amtskörperschaft im Durchschnitt mehrerer Jahre seither eine für die Amtskörperschaft günstige war, zwar nicht die volle kapitalisierte durchschnittliche Jahresdifferenz, aber doch eine billige Abfindung durch Barzahlung oder Schuldübernahme zu leisten ist.

Dasselbe ist der Fall bei Zuteilung einzelner Markungsteile an eine andere Gemeinde.

Man macht gegen diese Abfindung geltend, daß der Wegfall der Steuerleistungen einer ausscheidenden Gemeinde bzw. Parzelle nicht etwa einen der Amtskörperschaft bzw. Gemeinde zu vergütenden Schaden verursache, daß die Steuern nicht Gefälle darstellen, die ausgenutzt werden dürfen ohne Rücksicht auf die Zwecke, die mit den dadurch beschafften Mitteln verfolgt werden sollen, daß die Amtskörperschafts- und Gemeindesteuern gedacht seien als Leistung gegen Gegenleistung und daß hiernach unter normalen Umständen dem verkleinerten Amtskörperschafts- bzw. Gemeindeverband aus der Verkleinerung ein Schaden überhaupt nicht erwachsen könne. — Diese Argumentation ist nicht einwandfrei. Auch im Kommunalsteuerwesen gilt der Satz „Leistung nach Gegenleistung" keineswegs unbeschränkt. Der Grundsatz der Leistung nach der Leistungsfähigkeit herrscht daneben. Die Lostrennung einer Gemeinde oder eines Markungsteils kann daher sehr wohl eine dauernde Erhöhung der Steuerlasten des verkleinerten Verbands zur Folge haben, ohne daß dem alten Verband eine Versäumnis seiner Pflichten gegenüber dem losgelösten Teil zur Last gelegt werden kann. Unter diesen Umständen darf man sich wohl die Frage vorlegen, ob es der Billigkeit entspricht, die Kosten für die Befriedigung des Ausdehnungs- bzw. Anschlußbedürfnisses einer Gemeinde oder eines Teils einer solchen einer hieran nicht interessierten Körperschaft aufzuladen. Je nach der Beantwortung dieser Frage erledigt sich auch der weitere Einwand, daß die Zahlung einer Abfindungssumme eine Doppelbesteuerung der austretenden Gemeinde bzw. Parzelle in sich schließen würde; denn wenn man es für richtig hält, daß derjenige Teil, bei dem das Interesse an der Eingemeindung liegt, und nicht der andere die mit der Eingemeindung verknüpften Opfer zu tragen hat, so wird man auch vor jener Konsequenz nicht zurückschrecken.

Auch in Zukunft wird es wohl bei dieser Praxis der Entschädigung des durch die Eingemeindung in seiner Steuerkraft geschwächten Teiles sein Bewenden behalten. Die Motive zum Entwurf der Gemeindeordnung, worin die ganze Materie der Eingemeindung auf einen festen Rechtsboden gestellt werden soll, sprechen sich 'zwar dahin aus, daß das Besteuerungsrecht als solches regelmäßig keinen Gegenstand der Entschädigung bilde. Dieser Satz blieb aber in der Kommission der Kammer der Abgeordneten nicht unangefochten, und der Minister des Innern erklärte der Kommission gegenüber, daß ein Rechtsanspruch der in ihrem seitherigen Besteuerungsrecht verkürzten Gemeinde auf Entschädigung zwar nicht bestehe, daß es aber eine Forderung der Billigkeit sei, wenn die Gemeinde, von welcher ein Teil ihres Gebiets abgetrennt worden sei, für einen reinen Steuerausfall möglichst schadlos gehalten werde, wie denn überhaupt bei der ökonomischen Auseinandersetzung unter den Gemeinden Billigkeitsrücksichten in weitem Umfang platzgreifen müssen.

IV. Verhältnis der Städte zu den umliegenden Landgemeinden.

Wie bereits erwähnt, wollen die nächstbevorstehenden Eingemeindungsfälle Heilbronn-Böckingen und Eßlingen-Obereßlingen, sowie auch Stuttgart-

Münster, Botnang, Kaltental, bis zu einem gewissen Grad auch Degerloch, im Gegensatz zu den übrigen genannten Stuttgarter und Ludwigsburger Fällen, die hauptsächlich durch die Fesseln veranlaßt waren, welche der Stadt durch ihre allzu ungünstig gestaltete Markung angelegt waren und die zu sprengen für die Stadt ein Gebot unabweisbarer Notwendigkeit war, unter wesentlich anderem Gesichtspunkt betrachtet werden. Die Eingemeindung soll den kleinen Gemeinden nach ihrer Absicht Hilfe gewähren gegen die ihnen aus der Nachbarschaft der betreffenden Städte, deren jede eine bedeutende Industrie in ihren Mauern beherbergt, entspringenden Nachteile. — Trotzdem, wie gesagt, eine übergroße Konzentration industrieller Anlagen in den württembergischen Mittelstädten bis jetzt nicht stattgefunden hat, werden auch seitens vieler anderer, den Industriestädten benachbarter Gemeinden ähnliche Klagen laut über Benachteiligung durch die städtische Industrie. Es tritt eben auch in Württemberg die Erscheinung zutage, daß ein nicht unbeträchtlicher Teil der Industriearbeiter seinen Wohnsitz außerhalb der Stadt in den umliegenden Ortschaften nimmt bzw. daß die Landbevölkerung ihre Arbeitskraft in den Dienst der städtischen Industrie stellt, aber draußen wohnen bleibt. Weniger die Lebensmittelpreise, die in der Umgebung der größeren Städte, namentlich auch Stuttgarts, nicht oder nicht wesentlich niedriger sind als in den Städten, als vielmehr die Wohnungspreise sind es, welche die Arbeiter aus der Stadt treiben oder nicht hineinziehen lassen. Wohnungen mit drei Zimmern kosteten nach einer dem Hauptfinanzetat für 1901 beigegebenen Statistik in Stuttgart 464 Mk.[1], in Ulm 314, Heilbronn 343, Eßlingen 285, Cannstatt 385, Reutlingen 284, Ludwigsburg 273, Göppingen 310 Mk., in den Gemeinden von 4—5000 Einwohnern durchschnittlich 209 Mk., in den kleineren Gemeinden 177 Mk.

Ein weiterer Grund für die Arbeiter, außerhalb der Betriebsgemeinde, auf dem Lande zu wohnen, liegt darin, daß sie so die Möglichkeit haben, in ihren Freistunden sich durch einen kleinen Landwirtschaftsbetrieb Nebenverdienst zu verschaffen und zugleich ihre Familienglieder zum Miterwerb heranzuziehen; die weitgehende Parzellierung des ländlichen Grundbesitzes in Württemberg begünstigt dieses Bestreben in hohem Maße.

Im Jahre 1900 wurden 8579 Personen gezählt, die in Stuttgart

---

[1] Am 8. Dezember 1904 kosteten in Stuttgart von 651 ausgeschriebenen dreizimmerigen Wohnungen nur 15 % weniger als 400 Mk., 19,7 % 400—499 Mk., 45 % dagegen 500—599 Mk. und 20,3 % 600 Mk. und mehr; der angegebene Durchschnittspreis ist also keineswegs zu hoch.

arbeiten und auswärts wohnen: etwa 70 % davon kamen aus Orten im Umkreis von 10 km (Weglänge). Über den ganzen mittleren Teil des Landes, ja sogar darüber hinaus erstreckt sich das Gebiet, das in Stuttgart regelmäßig beschäftigte Personen beherbergt; 28 Oberamtsbezirke sind beteiligt, davon nicht weniger als 12 Grenzbezirke. 93,6 % waren unselbständig, Arbeiter im eigentlichen Sinne, 6,4 % waren Selbständige, bzw. höheres kaufmännisches und technisches Personal.

Wesentlich geringer, nämlich 1001, war die Zahl der in Stuttgart wohnenden und auswärts beschäftigten Personen. Hiervon entfallen auf Arbeiter im eigentlichen Sinne 76 %, auf Unternehmer und höheres Personal 24 %; über 50 % derselben hatten ihren Arbeitsort in Cannstatt und dem ganz nahe gelegenen Feuerbach.

In den 13 Mittelstädten waren nach der Volkszählung von 1900 20 886 Arbeiter (16 600 männliche und 4 286 weibliche), welche außerhalb ihrer Betriebsgemeinde wohnten. Über 3 000 solcher Arbeiter zählte man in Heilbronn und Göppingen, zwischen 2 000 und 3 000 in Eßlingen, Cannstatt, Reutlingen, zwischen 1 000 und 2 000 in Ludwigsburg, Gmünd und Ulm. Nach einer Ende 1899 in Heilbronn veranstalteten Sondererhebung wohnten von 7411 in Betrieben mit mehr als 20 Arbeitskräften beschäftigten Personen 3 736 dauernd, 112 die Woche über in Heilbronn, während nicht weniger als 3 563 täglich ihren außerhalb Heilbronns gelegenen Wohnsitz aufsuchten; von ihnen benutzten 1 326 Fahrgelegenheiten aller Art, während der Rest den Weg zwischen Wohn- und Arbeitsort zu Fuß zurücklegte. Weitaus die meisten dieser Arbeiter wohnten in den nächstgelegenen Ortschaften: bei 2 408 betrug die Entfernung von der Heimatgemeinde bis nach Heilbronn 5 km und weniger. Wie weit sich aber die von der Betriebsgemeinde Heilbronn ausgehenden Wellen ausbreiten, geht daraus hervor, daß 872 Arbeiter von Orten bis zu 10 km, 168 bis zu 20 km und 8 über 20 km Entfernung zur Arbeit nach Heilbronn kamen.

Vom Standpunkt der Allgemeinheit aus ist das Vorhandensein von Arbeiterwohngemeinden neben den Betriebsgemeinden nur zu begrüßen, denn der Volksgesundheit ist das Zusammendrängen großer Arbeitermassen an einem Ort nichts weniger als förderlich, und mit Recht begünstigt der Staat diese Entwicklung durch Vervollkommnung der Verkehrseinrichtungen und Ausgabe billiger Arbeiterfahrkarten.

Auch die Städte haben natürlich kein Interesse daran, sich dieser Ausbreitung der Arbeiterschaft zu widersetzen; im Gegenteil, sie werden dadurch der Fürsorge dafür enthoben, ohne daß dem ein ersichtlicher Nachteil für sie gegenübersteht.

Auf einem anderen Standpunkt stehen nun aber diejenigen unter den Wohngemeinden, die der Betriebsgemeinde am nächsten liegen und daher den größten Teil dieser Arbeiter beherbergen. Derselbe Grund, aus dem die Städte den Auszug der Industriearbeiter wünschen, macht ihnen deren Zuzug lästig. Sie beklagen sich darüber, daß diese Arbeiter zu den Gemeindeanlagen wenig beisteuern, daß aber die Lasten, die sie der Gemeinde verursachen, diesem geringen Anteil an der Lastendeckung in keiner Weise entsprechen, der Armen-, Straßen- und Schulaufwand steigere sich mit der Zunahme der Bevölkerung, ohne daß eine verhältnismäßige Steigerung der Leistungsfähigkeit der Gemeinde stattfinde, und die ansässigen Gewerbetreibenden, Grund- und Gebäudebesitzer werden in der Folge in immer wachsendem Maße belastet.

Es ist hier zunächst zu bemerken, daß die Gemeinden nach dem jetzt noch bestehenden Gemeindesteuergesetz im wesentlichen auf Grund-, Gebäude- und Gewerbesteuer angewiesen sind. Das Einkommen aus Kapitalien, Renten, Dienst und Beruf ist ihnen nur in sehr beschränktem Maße zur Besteuerung überlassen: Gemeinde und Amtskörperschaft zusammen dürfen höchstens 1 % vom Einkommen erheben (Gemeinde 2/3, Amtskörperschaft 1/3). Dabei ist noch zu berücksichtigen, daß die Steueruntergrenze zwar sehr tief, bei einem Einkommen von 350 Mk., liegt, daß aber eine ziemlich bedeutende Degression zugunsten der kleinen Einkommen aus Dienst und Beruf stattfindet in der Weise, daß als steuerbarer Betrag gilt bei Einkommen bis 850 Mk. 1/10, von dem Mehrbetrag bis 1700 Mk. 2/10, bis 2550 Mk. 4/10, bis 3400 Mk. 8/10, und daß erst der Überschuß über 3400 Mk. voll in Anrechnung kommt.

Wie gering der Ertrag der Dienst- und Berufseinkommensteuer in den Landgemeinden ist, geht daraus hervor, daß die zehn in erster Linie stehenden Oberamtsbezirke, Stuttgart eingeschlossen, fast 69 % des Landesbetrags erheben, in 73,4 % der sämtlichen Gemeinden des Landes wird an Dienst- und Berufseinkommensteuer ein Betrag von weniger als 50 Mk. erhoben.

Die Schulkosten sind von den Gemeinden aufzubringen. Doch erhalten sie, mitunter sehr erhebliche, Staatsbeiträge. Als Beitrag zur Deckung des Aufwands kann Schulgeld erhoben werden, und zwar in Landgemeinden bis zum Betrag von 1 Mk. 37 Pf. für ein Kind im Jahr.

Tatsache ist nun, daß in den den Industriestädten benachbarten Landgemeinden die Einwohnerzahl teilweise außerordentlich rasch angeschwollen ist. Die Gemeinde Böckingen bei Heilbronn z. B., die selbst keine größere Industrie besitzt, ist von 1890 bis 1900 von 4 244 auf 6 617 Einwohner gestiegen, hat also um 56 % zugenommen. Die Zunahme von Großeislingen bei Göppingen beträgt im gleichen Zeitraum 29 %, Obereßlingen bei Eßlingen 41 %, Betzingen bei Reutlingen 33 %, Altenstadt bei Geislingen 35 %, Münster bei Cannstatt 61 %, während die Zunahme der Betriebsgemeinden fast durchweg wesentlich geringer ist: Heilbronn 26 %, Eßlingen 23 %, Cannstatt 30 %, Reutlingen 16 %, Geislingen 24 %, nur bei Göppingen ist sie größer (35 %).

Es ist nicht zu leugnen, daß dieser bedeutende Einwohnerzuwachs, der sich zum großen Teil aus Arbeitern und kleinen Angestellten, also aus wenig steuerkräftigen Elementen zusammensetzt, manche Nachteile für die betreffenden Arbeiterwohngemeinden zur Folge gehabt hat. Aber diese Nachteile werden vielfach überschätzt, und die Befürchtung, daß mit der Zeit solche Vorortsgemeinden der Industriestädte für die Erfüllung der Gemeindeaufgaben untauglich werden, ist offenbar übertrieben.

Einen wertvollen Einblick in die tatsächlichen Verhältnisse gibt eine 14 Gemeinden, die den Zuzug von Arbeitern aus den benachbarten Städten besonders nachteilig empfinden, umfassende Statistik, die von diesen Gemeinden im Jahre 1903 aufgestellt worden ist zur Begründung ihrer an die Kammer der Abgeordneten gerichteten Bitte um Aufnahme einer Bestimmung in das neue Gemeindesteuergesetz, wonach die Betriebsgemeinden den Arbeiterwohngemeinden Zuschüsse zu leisten haben.

Der nachfolgenden Betrachtung werden nur 13 dieser Gemeinden zugrunde gelegt, da bei einer ganz abnorme Verhältnisse vorliegen.

Es geht daraus zunächst hervor, daß die Steigerung des Gemeindeschadens, d. h. der Differenz zwischen den Ausgaben der Gemeinden und den ihr aus anderen Einnahmequellen als aus den steuerbaren Grundstücken, Gebäuden und Gewerben zufließenden Einnahmen, m. a. W. der auf die Grundstücke, Gebäude und Gewerbe nach dem Steuerfuß gelegten Umlagen, fast durchweg größer ist als die der Katastersumme. In einer Nachbargemeinde von Eßlingen ist die Belastung jener Kataster für Gemeindezwecke von 1880—1903 von 3,53 % auf 9,51 %, bei vier Gemeinden um Göppingen von 7,06 % auf 9,35 % gestiegen. Durchschnittlich hat eine Steigerung von 5,56 % auf 9,2 % Platz gegriffen.

Aber weder diese Steigerung noch die erreichte Höhe der Belastung der Kataster läßt einen Schluß zu auf eine wirklich übermäßige Beeinträchtigung der Gemeinden durch die benachbarten Industriestädte, wenn man bedenkt, daß im ganzen Land der Gemeindeschaden in beständigem Steigen begriffen ist, sich von 1880—1902 um 51 % erhöht hat und im letztgenannten Jahr im Landesdurchschnitt über 7 % der Kataster betrug. Dabei ist zu beachten, daß 111 Gemeinden im Jahre 1902 überhaupt keinen Gemeindeschaden umlegten. Von den übrigen 1798 Gemeinden überstieg bei 689 die Umlage 9% der Kataster, die Zahl der Gemeinden, die über 10% umlegten, ist von 1880—1902 von 101 auf 545 gestiegen.

Es wird nun allerdings von seiten der Arbeiterwohngemeinden eingewandt, daß ihr Gemeindeschaden mit demjenigen gewöhnlicher Landgemeinden nicht vergleichbar sei, da letztere erfahrungsgemäß die Kosten für Wasserleitungen, Feldbereinigungen usw. unter dem Gemeindeschaden umlegen, was angängig sei, weil daselbst, anders als in den Arbeiterwohngemeinden, in der Regel nur Steuerzahler einer Kategorie vorhanden seien (nur Grund- und Gebäudesteuerpflichtige), während bei den Gemeinden mit gemischter steuerzahlender Bevölkerung die betreffenden Kosten neben dem Gemeindeschaden auf die speziell Beteiligten umgelegt werden müssen. Dieser Einwand ist aber nicht stichhaltig. Einmal gibt es nach zuverlässigen Mitteilungen nur verhältnismäßig wenige Gemeinden, die keine Wasserzinsen erheben, und diese wenigen sind meist Gemeinden von besonders günstiger Finanzlage, die nicht unter den hochbesteuerten zu suchen sind. Was ferner die Belastung des Gemeindeschadens durch Feldbereinigungskosten betrifft, so ist dem entgegenzuhalten, daß auch in rein ländlichen Gemeinden die Übernahme solcher Kosten auf die Gemeinde keineswegs ganz allgemein ist. In einem so ausschließlich landwirtschafttreibenden Bezirk wie Biberach sind nur 2 von 44 Gemeinden mit Feldbereinigungsschulden belastet. Anderseits wurde z. B. in den Gemeinden Hofen und Öffingen, Oberamts Cannstatt, wo 20 bzw. 6% der Einwohner auswärts beschäftigte Arbeiter sind, der Gemeindeschaden durch Feldbereinigungskosten belastet. Es ist also nicht zuzugeben, daß die Steuerbelastungssätze der Arbeiterwohngemeinden mit denen anderer Gemeinden nicht vergleichbar sind.

Sind so die allgemeinen Besteuerungsverhältnisse in den der Betrachtung zugrunde liegenden Gemeinden nicht gerade besonders günstig, so können sie doch, namentlich im Verhältnis zu denen anderer Gemeinden, nicht als so schlimm bezeichnet werden, daß von einer wirklichen Bedrängnis bei ihnen die Rede sein könnte[1].

Es wäre ja nun denkbar, daß trotz der nicht übermäßigen Höhe der Gesamtausgaben der Gemeinden die mit ihrer Eigenschaft als Arbeiterwohngemeinden zusammenhängenden besonderen Ausgaben auf Kosten der

---

[1] Der Ortsvorsteher der Gemeinde Münster, in welcher 24% der Einwohner auswärts beschäftigte Arbeiter sind, hat anläßlich der Erörterung der Frage der Eingemeindung von Münster nach Stuttgart erklärt, die finanzielle Lage der Gemeinde sei derart, daß sie ihren Verpflichtungen vollständig zu genügen vermöge, und daß deshalb von diesem Gesichtspunkt aus die Eingemeindung nicht dringend notwendig sei.

Befriedigung sonstiger Bedürfnisse einen unverhältnismäßig breiten Raum einnehmen. Das Ergebnis der Armenpflege bietet keinen Anhaltspunkt für eine solche Annahme. Eine einigermaßen konstante, aufsteigende Reihe weisen die Zahlen nur bei 2 unter den 13 Gemeinden auf, nur in dreien sind die Ausgabeziffern für 1903 die höchsten seit 1880, nur in einer einzigen Gemeinde ist die Steigerung des Armenaufwands größer als die der Einwohnerzahl.

Es wird nun allerdings geltend gemacht, daß dieser in normalen Zeiten nichts weniger als namhafte Armenaufwand unter der Herrschaft industrieller Krisen rasch gewaltig emporschnellen werde, und es ist in der Tat dieser Befürchtung von einem solch verhängnisvollen Einfluß auf Gemeinden, deren Einwohnerschaft sich bis zu 25 % aus auswärts beschäftigten Arbeitern zusammensetzt, nicht jede Berechtigung abzusprechen. Aber es darf demgegenüber doch darauf hingewiesen werden, daß der Verlauf der jüngsten Krise dieser Befürchtung nicht eben viel Nahrung zugeführt hat und daß die augenscheinlich fortschreitende Dezentralisierung unserer Industrie ein allzuschlimmes Auswachsen der mit der Nachbarschaft der Industriestädte für die Wohngemeinden verknüpften Nachteile hintanhalten dürfte. — Wenn man ferner, wie dies häufig geschieht, die auffallend geringe Zunahme bzw. teilweise Abnahme des Armenaufwands nicht der günstigen Arbeitsgelegenheit, welche die Großstadt darbietet, zugute schreiben will, sondern den Wirkungen der Arbeiterversicherung, so wird dabei verkannt, daß letztere eben Lohnarbeit und Arbeitsgelegenheit voraussetzt, daß sie die Armenpflege da nicht ausschaltet, wo keine Arbeitsgelegenheit vorhanden ist.

Die Straßenbaukosten weisen in fast allen 13 Gemeinden eine entschiedene teilweise sehr beträchtliche Zunahme auf, aber es ist nicht zulässig, hieraus ohne weiteres zu folgern, daß diese Steigerung übermäßig, daß sie vorwiegend der Herstellung kleiner Arbeiterwohnhäuser zuzuschreiben ist und daß also, allgemein gesprochen, die Arbeiterwohngemeinden als solche unter einer unverhältnismäßigen Steigerung des Straßenaufwands zu leiden haben. Bei 5 dieser Gemeinden ist die Zunahme dieses Gebäudekatasters beträchtlich höher als die des Straßenaufwands; es kann daher bei ihnen in letzterer Beziehung nichts Auffallendes gefunden werden. Und zwar sind hierunter gerade diejenigen Gemeinden, die am raschesten angewachsen sind und entschieden den Charakter von Arbeiterwohngemeinden tragen. Diese Tatsache spricht eigentlich allein schon genügend gegen das Vorhandensein einer Gesetzmäßigkeit der vorerwähnten Art. Dazu kommt noch ein weiteres. Nähere Erhebungen in den 4 Gemeinden um Göppingen, die zu den Mitunterzeichnern der erwähnten Eingabe gehören, haben ergeben, daß die wahre und hauptsächliche

Ursache der Steigerung des Straßenaufwands in der Zunahme des Lastfuhrwerkverkehrs (namentlich Holzfuhren), der Steigerung der Preise des Schottermaterials, sowie der Kosten für dessen Beifuhr und Zubereitung und in der besseren Pflege der Straßen, also auf Gebieten liegt, die mit der Eigenschaft der Gemeinden als Arbeiterwohngemeinden nichts gemein haben. Nur eine der 4 Gemeinden führt als eine Steigerungsursache, aber nicht als die hauptsächlichste, die Herstellung zahlreicher Arbeiterwohnhäuser an. Dabei ist aber zu beachten, daß es nicht nur auswärts arbeitende Personen sind, die diese Bautätigkeit veranlaßt haben. Es hat sich vielmehr in den letzten Jahren in der fraglichen Gemeinde selbst Industrie angesiedelt und das Gewerbesteuerkataster ist von 1895—1900 von 59400 auf 119600, bis 1903 auf 135000 Mk. gestiegen. Da in allen 4 Gemeinden die Zunahme des Straßenaufwandes namentlich von 1895—1903 sehr beträchtlich, größer als in den übrigen Gemeinden ist, so wird man wohl nicht fehlgehen in der Annahme, daß auch da, wo sich ein ursächlicher Zusammenhang zwischen der Steigerung der Straßenlasten und dem Vorhandensein zahlreicher, außerhalb der Gemeinde beschäftigter Arbeiter feststellen läßt, diese Steigerung keineswegs in ihrem Gesamtbetrag der letztangedeuteten Eigenschaft der Gemeinde zur Last fällt.

Eine bedeutende Steigerung haben die Schullasten in den Arbeiterwohngemeinden erfahren. Sie beträgt von 1880—1903 in einer der Gemeinden über 400 %, in einer steht sie zwischen 300 und 400, in 2 zwischen 200 und 300, in 4 zwischen 100 und 200, in 3 zwischen 30 und 40 %.

Die Steigerung wurde hervorgerufen hauptsächlich durch vermehrte Ausgaben für Lehrer und durch Schulhausbauten. Aber es ist zu berücksichtigen, daß in dem betreffenden Zeitraum die Lehrergehälter eine allgemeine Erhöhung erfahren haben, daß also die Zunahme der Personalausgaben jedenfalls nicht in vollem Umfang der Vermehrung der Schülerzahl zuzuschreiben ist. In einer Gemeinde, in der seit 1880 keine Vermehrung der Lehrerzahl und kein Schulhausbau stattgefunden hat, sind die Schulkosten um 65 % gestiegen.

Was die Schulhausbauten betrifft, so sind sie ohne Zweifel nicht durchweg bloß veranlaßt durch die Steigerung der Schülerzahl. Unter den Gemeinden sind welche, die zu Neubauten schreiten mußten, obgleich die Schülerzahl nicht sehr bedeutend gestiegen ist; in einer dieser Gemeinden ist sie sogar zurückgegangen. Die Anschauungen über die Erfordernisse, denen ein Schulhaus zu genügen hat, sind eben in den letzten 25 Jahren doch ziemlich andere geworden, und es ist daher schwer, aus der bloßen Tatsache, daß in diesem Zeitraume in fast allen in Betracht gezogenen Gemeinden Neubauten hergestellt worden sind, zuverlässige ziffernmäßige Feststellungen zu machen über den nachteiligen Einfluß des Wachstums der Industrie in den benachbarten Städten auf die Schullasten der einzelnen Wohngemeinde. Zu bemerken ist auch, daß die Zunahme der Schülerzahl nicht durchweg gleichen Schritt gehalten hat mit der der Einwohnerzahl, in 6 von den 13 Gemeinden vielmehr nicht unwesentlich kleiner ist als die der letzteren. Immerhin wäre es angesichts der Tatsache, daß in einer Reihe von Gemeinden die schulpflichtigen Kinder von auswärts arbeitenden Eltern über die Hälfte der Schülerzahl ausmachen, daß in fast sämtlichen Gemeinden von 1880 bis 1903 eine Vermehrung der Lehrkräfte stattfinden mußte und daß letztere in einer Gemeinde 100 % (3 auf 6), in zwei anderen 150 % (6 auf 15) und in einer 167 % (3 auf 8) betrug, verfehlt, sich der Erkenntnis zu verschließen, daß in der Tat jenen Gemeinden ihre Eigenschaft als Arbeiterwohngemeinden eine erhebliche Erschwerung der Schullasten gebracht, in einigen davon zu wirklichen Mißständen auf diesem Gebiet geführt hat. Namentlich Altenstadt bei Geislingen, Zuffenhausen bei Stuttgart, Böckingen bei Heilbronn und einige Gemeinden um Göppingen leiden entschieden darunter; Zuffenhausen hatte zeitweilig Schulklassen von 120—150 Schülern, während 1899 im Landesdurchschnitt auf eine Volksschulklasse nur 60 Schüler kamen. Aber in steigendem Maße ist der Staat bestrebt, hier ausgleichend zu wirken und den Gemeinden durch Staatsbeiträge zu den Schulkosten Unterstützung angedeihen zu lassen. Bei alldem ist nicht zu vergessen, daß, wie oben erwähnt, die allgemeinen Besteuerungsverhältnisse in der Mehrzahl der Gemeinden nicht außergewöhnlich schlimm sind und daß die Betriebsgemeinden den Wohngemeinden auch nicht zu unterschätzende Vorteile gewähren in erster Linie dadurch, daß die Einwohner der letzteren Gelegenheit haben, ihre Arbeitskraft nutzbringend zu verwenden. Daß die auswärts Arbeitenden nicht nur Zuzügler sind, geht daraus hervor, daß im Jahre 1895 die Zahl der Ortsgebürtigen in 7 von den 13 Gemeinden den Landesdurchschnitt von 66 % überschritt (in 6 über 70 %, in 3 über 60 %, in 3 über 50 %, in einer 49 %). Wenn man demgegenüber einwendet, daß durch den Zug zur Fabrik der Landwirtschaft die notwendigen Arbeitskräfte entzogen werden, so mag dieser Einwand seine große Bedeutung haben für andere Gegenden. Für die Nachbarschaftsgemeinden der württembergischen Industriestädte fällt er nicht allzu schwer ins Gewicht. In sämtlichen 13 Gemeinden übertrifft die Zahl der Betriebe unter 2 ha, in denen die Arbeit des Unternehmers und seiner Familie die Hauptrolle spielt, die der mittleren und größeren Betriebe zusammen ganz entschieden. Nur in einer der Gemeinden befand sich 1895 ein mehr als 50 ha umfassender Betrieb. Sechs der Gemeinden hatten keinen Betrieb mit mehr als 10 ha.

Daß bei solchen Grundbesitzverhältnissen die Nähe der Industriestadt von einem großen Teil der landwirtschafttreibenden Bevölkerung der Wohngemeinden nicht nachteilig empfunden werden kann, daß sie vielmehr einen ganz wesentlichen Vorteil für die Gemeinde bedeutet, ist klar. Dazu kommt als weiterer Vorteil die mit dem Wachstum der Wohngemeinden zusammenhängende Wertsteigerung der Grundstücke. In einer in der Nähe (aber nicht unmittelbar) von Stuttgart gelegenen Arbeiterwohngemeinde (Botnang) sind von 1899—1903 die Grund- und Bodenpreise um 57% gestiegen, während natürlich die Ertragskataster geblieben sind. Es kommt diese Wertsteigerung gerade den Hauptsteuerzahlern, den Grundbesitzern zugute und bietet ihnen so ein gewisses Äquivalent gegen das Anwachsen der Steuerlast.

Wenn man außerdem die Vorteile berücksichtigt, welche die Nachbarschaft der Stadt bezüglich des Absatzes der landwirtschaftlichen Erzeugnisse, der erleichterten Kaufgelegenheit für Bedarfsgegenstände aller Art, der Möglichkeit der Benutzung der Bildungsmittel der Stadt für die Wohngemeinden mit sich bringt und damit die von letzteren beklagten Lasten vergleicht, so ist man wohl zu dem Schluß berechtigt, daß von einer wirklichen Kalamität auf fraglichem Gebiete in Württemberg, bis jetzt wenigstens, im allgemeinen nicht die Rede sein kann.

Hieraus erklärt sich auch das Fehlen gesetzlicher, das Verhältnis der Betriebs- zu den Arbeiterwohngemeinden normierender Bestimmungen.

Es hat zwar nicht an Versuchen gefehlt, solche Bestimmungen zu formulieren und zu erlassen, aber sie haben bis jetzt noch keinen Erfolg gehabt. Bei der Aufstellung des Entwurfs für das neue Gemeindesteuergesetz wurde die Frage, ob die Betriebsgemeinden den Arbeiterwohngemeinden Zuschüsse zu leisten haben, erwogen, von der Regierung aber „schon wegen der Schwierigkeit der Ausführung" verneint. Der Berichterstatter der Steuerkommission der Kammer der Standesherren nahm den Gedanken wieder auf und beantragte die Aufnahme eines dem § 53 des preußischen Kommunalabgabengesetzes fast wörtlich gleichlautenden Paragraphen in das Gemeindesteuergesetz. Der Minister des Innern verfehlte nicht, seinen Bedenken dagegen Ausdruck zu geben. Er wies darauf hin, daß die Bestimmung auf die Verhältnisse Preußens mit seinen großen Industriezentren zugeschnitten sei, daß die Durchführung des § 53 auch in Preußen namhafte Schwierigkeiten gemacht habe, daß die Voraussetzungen, unter denen die Beitragsleistung eintreten soll und ebenso das Maß dieser Beitragsleistungen so sehr vag bestimmt seien und nicht anders bestimmt werden können, so daß dem Verwaltungsrichter eine allzu große, diskretionäre Gewalt eingeräumt sei. Auch die Bestimmung über die Berücksichtigung der Vorteile, welche die Wohngemeinden vor der Betriebsgemeinde haben, werde in der Praxis keine geringen Schwierigkeiten verursachen. Trotzdem nahm die Kammer der Standesherren den Antrag an. Die Kammer der Abgeordneten dagegen teilte jene Bedenken gegen die Bestimmung, auch nachdem eine Reihe von Arbeiterwohngemeinden um Aufrechterhaltung des Beschlusses der ersten Kammer petitioniert hatte (siehe oben) und lehnte ihre Aufnahme in das Gesetz ab, worauf auch die Kammer der Standesherren den Paragraphen fallen ließ.

Wie bereits erwähnt, begünstigen Staat und Städte die Ausbreitung der Arbeiterschaft. Diese Begünstigung äußert sich bei den einzelnen Städten in verschiedener Weise, teils in Form positiver und aus eigener Initiative entsprungener Maßnahmen der Städte, teils in Form mehr oder weniger intensiver Unterstützung der von anderer Seite ausgehenden Bestrebungen nach einer Steigerung der Wechselbeziehungen zwischen Stadt und Land bzw. nach Verbesserung der Verkehrseinrichtungen. Im Verhältnis der Stadt zu der einzelnen Landgemeinde wird das Hauptinteresse an der Schaffung einer verbesserten Verbindung im allgemeinen stets bei letzterer liegen; anders dagegen, wenn die Interessen der Stadt denen einer Vielheit von Landorten gegenübergestellt werden. Die Stadt wird in der Regel nicht annähernd im selben Maße auf die Produzenten und Konsumenten und namentlich die Arbeiter einer speziellen Nachbargemeinde angewiesen sein wie dies umgekehrt der Fall ist, wohl aber ist sie, und zwar unbedingt, auf diejenigen der Gemeinden, z. B. des ganzen Nachbarbezirks angewiesen.

Hiernach richtet sich offenbar im großen ganzen die Verkehrspolitik der württembergischen Mittelstädte im Verhältnis zu den umliegenden Landgemeinden.

Die Stadt Heilbronn stand an der Spitze der Agitation für die Botwartalbahn (Beilstein—Heilbronn) und für eine normalspurige Zabergaubahn (Laufen a. N.—Güglingen), beides Nebenbahnen, die weniger dem Fernverkehr als dem Nachbarschaftsverkehr Heilbronns dienen. Dagegen hat sich die Stadt gegenüber den in jüngster Zeit hervorgetretenen Wünschen der einen beträchtlichen Teil der Heilbronner Arbeiter beherbergenden Dörfer Böckingen und Neckargartach auf Ausdehnung des Heilbronner Straßenbahnnetzes bzw. Herstellung je einer Straßenbahnlinie nach dort, darauf beschränkt, ihren Einfluß auf die Straßenbahngesellschaft[1], welche die Bau-

[1] Nach dem Vertrag der Stadt mit der Straßenbahngesellschaft ist letztere verpflichtet, die Bahn in die Nachbarorte weiterzuführen, wenn der Gemeinderat es

ausführung davon abhängig macht, daß ihr die beteiligten Gemeinden für die Kapitalanlage Sicherheit leisten und ein Zinserträgnis von 5 % garantieren, zugunsten jener Wünsche geltend zu machen. An den Kosten wird sich die Stadt wenn überhaupt, so nur zu einem geringen Betrag beteiligen. Ebenso wurde seitens der Stadt verfahren, als vor einigen Jahren die Gemeinde Sontheim die Herstellung einer Straßenbahnlinie durch die Heilbronner Straßenbahngesellschaft veranlaßte.

Auch verschiedene andere Städte haben es nicht an Bemühungen fehlen lassen, den Verkehr mit den umliegenden Landgemeinden zu beleben und für ihre Industrie einen kräftigen Arbeiterstamm, einen fortdauernden, gesicherten Zufluß von Arbeitskräften aus den Landorten zu gewinnen. Namentlich der letztere Gesichtspunkt leitete Göppingen und Gmünd bei ihren bisher vergeblichen, nunmehr aber der Verwirklichung entgegengehenden Versuchen nach einer Verbindungsbahn zwischen beiden Städten, ferner die Stadt Heidenheim bei ihren ebenfalls fruchtlosen Eingaben um Nebenbahnen nach Osten (Nattheim) und Westen (Gerstetten). Mehr Erfolg hatte die Stadt Reutlingen, die nunmehr nach Südwest (Gönningen) und Südost (Münsingen, Schelklingen) zwei Nebenbahnen hat. Die Gemeinde Schwenningen versuchte nach Ablehnung ihres Antrags auf eine direkte Verbindung mit Donaueschingen, die namentlich auch ihren auswärts wohnenden Arbeitern den Weg zum Arbeitsort zu erleichtern bestimmt war, im Verein mit Donaueschingen regelmäßige Automobilfahrten zwischen den beiden Plätzen einzurichten. Der Plan zerschlug sich aber. Die Fahrgelegenheit wäre jedenfalls von den Arbeitern kaum benutzt worden; denn einen Ersatz für die Eisenbahn in der Bewältigung des Arbeiterverkehrs hätte sie der Kosten wegen doch niemals bilden können, und so hätte das Automobil das bei fehlender Eisenbahn verbreitetste Arbeiterbeförderungsmittel, das Fahrrad, wohl nicht zu verdrängen vermocht.

Was Stuttgart betrifft, so bleibt dort in dieser Beziehung noch manches zu bessern. Die Stadt ist sowenig wie eine der Mittelstädte Inhaberin irgendwelchen Eisenbahnunternehmens. Der gesamte Nachbarschaftsverkehr vollzieht sich im wesentlichen, ohne daß die Stadt einen entscheidenden Einfluß auf seine Gestaltung hat, ihre besonderen Interessen wirksam zur Geltung bringen kann. Soweit der Staat diesen Verkehr in der Hand hat, besteht wenig Anlaß zur Klage; es wäre nur zu wünschen, daß er noch

verlangt und ein Bedürfnis vorliegt. Kann über die Bedürfnisfrage eine Einigung zwischen der Stadtbehörde und der Unternehmerin nicht erzielt werden, so steht der Stadt das Recht zu, die betreffenden Linien selbst zu bauen oder von Dritten bauen oder betreiben zu lassen.

mehr Linien dafür in Betrieb hätte. Diesem Wunsch kommt die geplante Erbauung der linksuferigen Neckarbahn entgegen, die u. a. die Vororte Gaisburg und Wangen der Stadt näherbringen, auch der Stadt die Herstellung einer großstädtischen Ansprüchen genügenden Engrosmarkthalle ermöglichen wird. Der in Aussicht genommene Umbau des Stuttgarter Bahnhofs wird ebenfalls nicht nur dem Fern-, sondern auch dem Nahverkehr in hohem Maße förderlich sein.

Im übrigen aber sind die Nachbarschaftsverkehrsverhältnisse Stuttgarts weit davon entfernt, vollkommen zu sein. Die Stadt bemüht sich zwar nach Kräften um den Ausbau der Straßenbahn nach den Vororten, aber leider nicht mit dem gewünschten Erfolg; erst in jüngster Zeit ist sie in einem Prozeß, den sie mit der Straßenbahngesellschaft hierwegen führte, unterlegen. Ein Versuch der Stadtverwaltung, der Stadt durch Erwerbung eines größeren Aktienbesitzes Einfluß auf die Gesellschaft, mit der sie auf sehr schlechtem Fuß und in fortgesetzten Rechtsstreitigkeiten steht, zu verschaffen, scheiterte, indem eine dahingehende Vorlage wegen des hohen Preises der Aktien abgelehnt wurde.

Ebenfalls in den Händen einer Privatgesellschaft befindet sich die Filderbahn mit ihrem bedeutenden Personen-, namentlich Arbeiterverkehr[1], einer Bahn, bei der bis vor wenigen Jahren geradezu klägliche Zustände herrschten, teilweise jetzt noch, allerdings wohl nur noch für kurze Zeit, herrschen. Bei dieser Bahn ist die Stadt in die Lage versetzt, ihre Interessen zu vertreten: Vorsitzender des Aufsichtsrats der Gesellschaft ist ein Stuttgarter besoldeter Gemeinderat.

Die bereits vollzogenen und demnächst sich vollziehenden Eingemeindungen legen der Stadt schwere Verpflichtungen nach jener Richtung auf; denn eine organische Verbindung der Stadt mit ihren neuen Vororten ist in erster Linie bedingt durch Beseitigung der Verkehrshindernisse, und früher oder später wird sie sich eben doch entschließen müssen, sich unabhängig zu stellen und selbsthandelnd und -schaffend vorzugehen.

V. Besteuerungs- und Vermögensverhältnisse der Städte.

Über die Besteuerungs- und Vermögensverhältnisse der Städte gibt nachstehende Übersicht (S. 40) einigen Aufschluß. Dazu ist zu bemerken, daß in den

[1] Im Jahre 1902 wurden von und nach Stuttgart auf der Bahn 825 914 Personen befördert.

	Gemeindeschaden in % der Staatssteuer aus Grund, Gebäuden u. Gewerben 1903/04	Auf den Kopf der Bevölkerung kommt im Jahr 1903/04 an						Grundbesitz		Gebäudebesitz Wert	Kapitalbesitz	Gesamtvermögen	Schulden	Von 100 Mk. Einnahmen der Gemeinde fließen	
		Staatssteuer aus		Gemeindeschaden	staatl. u. körperschaftl. Einkommensteuer aus		Konsumsteuern								
		Gewerben	Grund, Gebäude, Gewerben		Kapitalien und Renten	Dienst und Beruf		Größe ha	Wert Mill. Mk.	Mill. Mk.	Mk.	Mill Mk.	Mill. Mk.	aus Steuern	aus dem Gemeindevermögen
Stuttgart . . .	224	6,47	10,31	23,36	2,6	1,04	6,25	?[1]	ca. 11	21	5,4 Mill.	55,32	39,04	44,6	5,35
Ulm	127	5,17	7,47	9,58	4,04	6,4	5,74	2 127	ca. 7	ca. 6	1/2 Mill.	—[2]	5,46	40,7	13,14
Heilbronn . . .	234	6,89	9,92	23,48	7,06	3,4	4,55	ca. 1400	ca. 4	ca. 5	1,12 Mill.	12	7,94	53,1	13,15
Eßlingen . . .	202	4,69	7,13	14,65	4,6	3	3,87	1 032	ca. 2	0,86128	183 000	3,8	3,17	64,5	21
Cannstatt . . .	212	4,00	7,09	15,44	5,5	3,6	3,64	123	1,403	2,286	—	5,87	4,19	50,5	12,3
Reutlingen . .	180	5,67	8,27	14,96	7,1	3	3,79	1 120	2,92	1,6	75 000	5,65	3,19	49,8	22,6
Ludwigsburg .	143	3,46	5,53	7,97	7,9	3,5	1,61	57	0,85	1,5	11 400	3,8	1,35	51	16
Göppingen . .	205	5,97	8,49	17,52	3,7	2,7	2,02	478	1,88	2,6	30 000	5,5-6	3,15	62	14
Gmünd	151	4,28	6,32	9,63	4,2	2,9	4,05	783	1,91	4,12	34 099	6,03	2,72	45	38,5
Tübingen . . .	182	2,19	4,43	7,95	7,9	5	4,08	550	1,3	0,8	74 000	3,708	2,58	50,7	26,5
Tuttlingen . .	183	4,15	6,21	11,46	3	1,9	1,61	?	?	?	126 000	ca. 5,8	1,05	56,5	10,6
Ravensburg . .	255	2,94	5,34	12,05	6	2,9	2,98	370	1	1,34	105 000	ca. 3,5	1,32	52,4	14,5
Heidenheim . .	185	6,95	8,83	16,44	5,3	4,4	—	1 250	0,4	1,3	223 000	ca. 4	1,09	56	19,91
Schwenningen .	285	3,66	5,54	15,84	1,8	1,9	1,9	735	ca. 5	1,2	—	7,1	1,73	69,6	18,3

[1] 786,45 ha Waldungen.

[2] Der Betrag kann zurzeit aus besonderen Gründen nicht angegeben werden.

meisten Städten noch zum Teil sehr beträchtliche bürgerliche Stiftungen für Armen-, Schul- und ähnliche Zwecke vorhanden sind. In Heilbronn z. B. beträgt das Reinvermögen sämtlicher städtischer Verwaltungen über 9 Mill. Ulm hat ein Stiftungsvermögen von 4,8, Eßlingen 2,8, Reutlingen 2,5, Ludwigsburg 1,05, Gmünd 2,45 Tübingen 0,95, Göppingen 0,25—0,3 Mill., Heidenheim 0,1 Mill.

VI. Entwicklung der Verfassung der Städte.

Rein theoretisch betrachtet hatten die württembergischen Städte bis zu Anfang des 19. Jahrhunderts ein ausgedehntes Selbstverwaltungsrecht, insofern ihnen die Verwaltung so ziemlich aller Gebiete menschlichen Zusammenlebens, die gemeinhin als Domäne der Gemeindeverwaltung betrachtet werden, durch eigene Organe in der Weise überlassen war, daß sie ausschließlich ein positives Verfügungsrecht hatten, daß der Staat sich darauf beschränkte, in einer Reihe von Angelegenheiten Stellung zu den Beschlüssen der Gemeindevertretung zu nehmen, daß er weit mehr bloß ein Aufsichts- bzw. Einspruchs- und Genehmigungsrecht als ein positives Recht auf unmittelbare Verwaltung in Sachen besaß, die an sich als Gemeindeangelegenheiten zu gelten haben; der Kreis der Gegenstände, in denen staatliche Genehmigung der Beschlüsse der Gemeindevertretung eingeholt werden mußte, war zudem nicht groß, eher kleiner als heutzutage.

Dieses Selbstverwaltungsrecht war jedoch, wie angedeutet, eigentlich mehr nur theoretischer Natur. An der Spitze der Stadt stand ein aus Gericht und Rat bestehender Magistrat, dessen Mitglieder vom Gericht aus der Zahl der unbescholtenen, 25 Jahre alten, des Lesens und Schreibens kundigen, mit einem Magistratsmitglied nicht nahe verwandten Bürger auf Lebenszeit gewählt wurden; der Regierung stand ein Bestätigungsrecht nicht zu. Der Schwerpunkt der Verwaltung lag beim Gericht, das aus dem Oberamtmann, einem vom Landesherrn angestellten und besoldeten Staatsbeamten als Vorsitzendem, zwei, jährlich wechselnden, Bürgermeistern, von denen der eine das Rechnungswesen, der andere die Aufsicht über die Grundstücke und Vorräte der Stadt zu führen hatte, und zehn weiteren Gerichtsverwandten bestand. Der Rat war gedacht als Vertretungsorgan der Bürgerschaft dem Gericht gegenüber. Außerdem sollten bei wichtigen Anlässen besondere Deputierte der Bürgerschaft zu den Magistratsberatungen zugezogen werden.

Von einer wirklichen Vertretung der Bürgerschaft gegenüber dem Gericht konnte aber im Ernst nicht gesprochen werden. Das Institut der Gemeindedeputierten stand in weitaus den meisten Städten nur auf dem Papier. Der Rat, ebenso wie die Deputierten, wo solche eingeführt waren, wurden vom Gericht bestellt, also eben von dem Organ, das überwacht werden sollte. Irgend eine gesetzliche Klarstellung ihrer Befugnisse dem Gericht gegenüber war nirgends gegeben. Sie konnten nicht allein zusammentreten und beraten, sondern nur mit dem Gericht gemeinsam tagen. Sie hatten kein Recht, einen Gerichtsbeschluß aufzuheben oder in seiner Wirksamkeit zu hemmen. Es war nicht bestimmt, daß ihnen eine entscheidende Stimme in der Beratung des Gerichts zukomme. So war also in Wirklichkeit das einzige Verwaltungsorgan, das Gericht, ein Kollegium, bei dessen Ergänzung die gesetzlichen Verwandtschaftshindernisse meist gänzlich unbeachtet blieben und die breiten Schichten der Bürgerschaft ohne jeden Anteil waren, dessen Mitglieder ihr Amt in der Hauptsache ihren Privatinteressen nutzbar zu machen suchten und dies am besten dadurch zu erreichen glaubten, daß sie sich mit dem Vorsitzenden, dem Oberamtmann, auf guten Fuß stellten, einem, wie gesagt, staatlichen Beamten, der zwar ein Stimmrecht nur bei Stimmengleichheit besaß, aber namentlich infolge seines Einflusses auf die Besetzung sämtlicher Gemeindeämter, wie er ihm durch den Wahlmodus verbürgt war, tatsächlich fast unbeschränkt dominierte und die Stadt so gut wie allein regierte.

So stellte sich das Selbstverwaltungsrecht der Städte in der Praxis dar [1].

Das nach dem Umsturz der altwürttembergischen Verfassung am Schluß des Jahres 1805 einsetzende absolute Regiment kam den weitverbreiteten Klagen über diese Zustände entgegen und machte dem halb oligarchischen, halb autokratischen System der Gemeindeverwaltung ein Ende, indem es stufenweise die formell noch bestehende Selbstverwaltung der Gemeinden einschränkte, ihnen zuerst die Befugnis der Besetzung der wichtigeren Gemeindeämter, dann auch das Recht der Bildung ihres Vertretungsorgans, des Magistrats, und durch ins einzelne gehende Vorschriften die Freiheit in der Verwaltung des Gemeindevermögens entzog. Der Oberamtmann blieb Vorsitzender des Magistrats, dessen Mitglieder von der Regierung auf Lebenszeit ernannt wurden.

---

[1] Vgl. Erbvergleich betr. Wiederherstellung der Landesverfassung vom 27. Februar 1770, VI Claß § 3 u. 7, ferner Generalreskript vom 17. Juni 1795 und die anonyme Schrift „Über die Unwirksamkeit und Gebrechen der württembergischen Magistratsverfassung“, 1797.

Der Regierungswechsel im Jahre 1816 brachte auch hier, wie in so vielem anderen, einen tiefgreifenden Umschwung. Schon im Juni 1817 wurde die Bestellung eines aus direkten, nicht geheimen Wahlen hervorgehenden Vertretungsorgans der Bürgerschaft dem Magistrat gegenüber angeordnet. Wahlberechtigt war jeder volljährige Bürger ohne Rücksicht auf Vermögensbesitz und Steuerzahlung; „nur Gantleute, Verschwender und diejenigen, welche wegen eines Verbrechens gerichtlich bestraft oder in einer noch unerledigten Untersuchung begriffen sind“, waren von der Abstimmung ausgeschlossen. Ebenso liberal war auch das passive Wahlrecht. Die Wahlperiode betrug 2 Jahre. Die „Gemeindedeputierten“ konnten selbst zusammentreten und waren befugt, Anträge beim Magistrat zu stellen und, falls sie unberücksichtigt blieben, sich bei der Gemeindeaufsichtsbehörde zu beschweren. Bei wichtigeren Angelegenheiten konnten sie eine Vernehmung der ganzen Bürgerschaft verlangen. Sie mußten vom Magistrat über alle wichtigen Vorkommnisse unterrichtet und in einer Reihe von Angelegenheiten gehört werden. Im Fall der Meinungsverschiedenheit war ihnen der Rekurs an die Aufsichtsbehörde eröffnet. Außerdem stand ihnen die Prüfung der Gemeinderechnungen, nötigenfalls mit Hilfe eines von der Gemeinde zu honorierenden Sachverständigen zu.

Ein ganz bedeutender Schritt vorwärts war hiermit geschehen, indem der jahrhundertelang zur Passivität verurteilten Bürgerschaft wieder, wie ehedem, ein Anteil an der Verwaltung der Gemeindeangelegenheiten eröffnet war. Nicht lange behielt es hierbei sein Bewenden. Schon 1½ Jahre nachher erschienen die Edikte, betreffend die Organisation der unteren Staatsverwaltung in den Departements der Justiz und des Innern (31. Dezember 1818), von denen das erste die Gemeindeverfassung betrifft. Die bedeutungsvollste Neuerung, die es brachte, war die, daß der Gemeinde das Recht der Bildung ihres Vorstandes, und zwar in vollkommenerem Maße als zuvor wieder zurückgegeben, die staatliche Ernennung der Magistratsmitglieder beseitigt und deren Wahl der Bürgerschaft übertragen wurde. An die Stelle der Oberamtmänner trat im Vorsitz des Gemeindevorstands, des Stadtrats, ein besonderer, von der Regierung bzw. dem Könige aus drei von der gesamten Bürgerschaft vorgeschlagenen Stadtratsmitgliedern auf Lebenszeit entnommener „Oberbürgermeister“ bzw. (in Städten unter 5000 Einwohnern) „Stadtschultheiß“. Dem Stadtrat, dessen Mitglieder auf Grund allgemeiner, gleicher, direkter, nicht geheimer Wahl der Bürgerschaft zunächst auf 2 Jahre und im Fall der Wiederwahl auf Lebenszeit bestellt wurden, stand der ebenfalls auf Grund allgemeiner, gleicher, direkter, aber geheimer Wahl auf 2 Jahre gewählte Bürgerausschuß gegenüber, dessen

Aufgabe die Königliche Verordnung vom 31. Dezember 1818, mit der die Edikte eingeführt wurden, folgendermaßen umschreibt: „In wichtigeren Fällen wird durch seinen Widerspruch ein Beschluß des Stadtrats in seiner Wirkung gehemmt, durch seine Zustimmung aber teils dessen Amtsgewalt ergänzt, teils auch eine Kognition höherer Stellen entbehrlich gemacht."

Die Edikte wurden, nachdem inzwischen die Verfassung eingeführt worden war, auf dem Landtage von 1820/21 von den Ständen durchberaten. Auf die hierbei gefaßten Beschlüsse, welche eine Reihe von Abänderungswünschen enthielten, erging der Abschied vom 30. Juni 1821, in dem der König verschiedene dieser Anträge genehmigte, namentlich den Kreis der der Regierungsgenehmigung unterstehenden Beschlüsse der Gemeindekollegien etwas verkleinerte, anderen aber seine Billigung versagte, so vor allem dem Antrag auf periodische Erneuerung des Gemeinderats, die dann das Gesetz von 1849 brachte, ferner den 1891 verwirklichten Wünschen, den Gemeinden die Wahl der Ortsvorsteher unbeschränkt und nur mit Vorbehalt der landesherrlichen Bestätigung zu überlassen und im Falle der Meinungsverschiedenheit zwischen Gemeinderat und Bürgerausschuß die Stimmen beider Kollegien durchzuzählen.

So abgeändert wurden die ersten drei Edikte von 1818 am 1. März 1822 als Verwaltungsedikt für die Gemeinden, Oberämter und Stiftungen erlassen, das mit seinen Novellen von 1849 und 1891 noch heute die hauptsächlichste Grundlage des württembergischen Kommunalrechts bildet. Es umfaßt übrigens nicht das ganze Gebiet des Gemeindeverfassungs- und Verwaltungsrechts; es wird vielmehr durch eine Reihe von Spezialgesetzen ergänzt, von denen die wichtigsten sind: das Gesetz von 1853, betreffend die Verhältnisse der zusammengesetzten Gemeinden, von 1877, betreffend die Besteuerungsrechte der Gemeinden, von 1885, betreffend die Gemeindeangehörigkeit, und das Körperschaftsforstgesetz von 1902.

Das Kommunalsteuergesetz hört am 1. April 1905 auf zu gelten; an diesem Tage tritt das Gesetz, betreffend die Besteuerungsrechte der Gemeinden und Amtskörperschaften in Kraft. Auch die Tage des Verwaltungsedikts dürften gezählt sein: am 11. Juli 1902 wurde den Ständen der Entwurf einer neuen Gemeindeordnung übergeben, der auf dem schon mit der Gemeindeverwaltungsnovelle von 1891 beschrittenen Weg der Differenziierung der Verfassungs- und Verwaltungsorganisation der größeren und kleineren Gemeinden fortschreitet und einen weiteren Ausbau des Selbstverwaltungsrechts der Gemeinden bringen soll. Zurzeit wird der Entwurf in der Kammer der Abgeordneten beraten, es wird aber wohl noch längere Zeit anstehen, bis er Gesetz wird.

Die gesetzlichen Bestimmungen über die Verfassung der Stadt Stuttgart weichen nur in geringfügigen Einzelheiten von dem für die anderen Städte gültigen Recht ab, und für die 200 000 Einwohner zählende Stadt gilt in ihren Grundzügen dieselbe Verfassung, wie sie für das Stuttgart des Jahres 1822 mit seinen 23—24 000 Einwohnern gegolten hat. Im einzelnen ist ja durch das Gesetz von 1849 und hauptsächlich durch das von 1891 manches geändert worden im Sinne der Anpassung des Rechts des Verwaltungsedikts an die veränderten Verhältnisse der Stadt; aber diese Änderungen sind nicht eben zahlreich und sehr einschneidend; das Gesetz von 1891 wollte sich, soweit es die größeren Gemeinden betrifft, selbst nur als Vorstufe zu einer besonderen Städteordnung betrachtet wissen. Daß der bestehende Rechtszustand ihren Bedürfnissen nicht entspricht, hat die Stadt bzw. ihre Vertretung wiederholt zum Ausdruck gebracht, so in den Jahren 1873 und namentlich 1891 und 1899. Im letztgenannten Jahre bezeichneten die Vorstände der Städte mit über 10 000 Einwohnern, an ihrer Spitze der Stadtvorstand von Stuttgart, die Erlassung einer Städteordnung als eine dringende Notwendigkeit. Der Entwurf einer Gemeindeordnung sucht, wie gesagt, diesen Wünschen nach einer unterschiedlichen Gestaltung des Rechts der größeren und kleineren Gemeinden Rechnung zu tragen. Er begegnet aber wenig Gegenliebe seitens der Städte, namentlich seitens der Hauptstadt, deren Vertretung, entgegen den früheren Beschlüssen, den Übergang zu einer dem preußischen Recht sich nähernden Magistratsverfassung sich mit Macht widersetzt und es für genügend hält, das bestehende Recht in einzelnen Punkten umzugestalten, namentlich durch Verleihung des Initiativrechts an den Bürgerausschuß, Vermehrung seiner Mitgliederzahl, Statuierung der Öffentlichkeit seiner Verhandlungen u. a.

Dieser Wandel in den Anschauungen ist bemerkenswert, insbesondere auch deshalb, weil er zeigt, wie überwiegend der Einfluß eines Ortsvorstehers auf die Willensbildung der Stadt sein kann, wie ein mit Geist und Willenskraft ausgestatteter Mann sich Geltung zu verschaffen vermag, und wie einem solchen Stadtvorstand gegenüber die gewählte Vertretung der Bürgerschaft in komplizierten, selbst den wichtigsten Fragen lediglich dazu bestimmt ist, der Ansicht ihrer Vorsitzenden den offiziellen Stempel zu verleihen.

VII. Bürgerrecht.

Die Einwohnerschaft in den Städten wie auch in den Landgemeinden gliedert sich in Bürger und Nichtbürger. Württemberg hat in dieser Hinsicht eine eigenartige Entwicklung durchgemacht. Nach dem Bürgerrechtsgesetz von 1833 und den früheren Gesetzen in der Sache hatte der Nichtbürger keinerlei Recht auf Teilnahme an den Angelegenheiten der Gemeinde; die Gemeinde war reine Bürgergemeinde. Das Jahr 1849 brach mit diesem System und machte einen bedeutenden Fortschritt hinüber zur Einwohnergemeinde: das Gesetz vom 6. Juli 1849 behielt zwar die Unterscheidung zwischen Bürgern und Nichtbürgern bei, verlieh aber allen Gemeindeeinwohnern, unter der Voraussetzung der Gegenseitigkeit sogar den Nichtwürttembergern, das aktive und mit einer Einschränkung[1] auch das passive Gemeindewahlrecht, falls sie in der Gemeinde wohnten und seit drei dem Wahltermin vorangegangenen Rechnungsjahren aus einem der Besteuerung der Gemeinde unterworfenen Vermögen oder Einkommen Steuer entrichteten. Diese Umbildung der Bürger- in die Einwohnergemeinde nahm ihren stetigen Fortgang: das Aufenthalts- und Niederlassungsrecht sowie das Recht zum Gewerbebetrieb und das Recht bzw. die Anwartschaft auf Armenunterstützung löften sich mit dem Eintritt Württembergs in das Reich vom Gemeindebürgerrecht los. Der verfassungsrechtliche Grundsatz, daß der Besitz des Staatsbürgerrechts durch das Gemeindebürgerrecht bedingt sei, war nach Ansicht der württembergischen gesetzgebenden Faktoren ebenfalls durch Reichsgesetz (1. Juni 1870) beseitigt, die Verbindung des Rechts auf Teilnahme an den Landtagswahlen mit dem Gemeindebürgerrecht schon durch Landesgesetz von 1868 gelöst worden. Vom Inhalt des Gemeindebürgerrechts war also Stück für Stück abgebröckelt, und welcher Wertschätzung es sich erfreute, geht schon daraus hervor, daß in verschiedenen Gemeinden, namentlich Städten, die Zahl der Bürger kaum 30 % der Einwohnerzahl ausmachte. Um den durch die vielfachen Durchlöcherungen der Grundsätze des Bürgerrechtsgesetzes entstandenen unklaren und deshalb unbefriedigenden Rechtszustand zu bessern, ging die Regierung anfangs der achtziger Jahre daran, eine neue Kodifikation des Gemeindebürgerrechts zu schaffen. Es boten sich zwei Wege für die Reform: der eine in der Richtung der seitherigen, zur Einwohnergemeinde zielenden Entwicklung, der andere zurück zur Bürgergemeinde unter Ausstattung des Bürgerrechts mit neuem Gehalt. Der letztere wurde gewählt „mit Rücksicht auf die im Volke lebende und be-

[1] Erwerb des Bürgerrechts nach der Wahl.

rechtigte Anhänglichkeit an die Institution des Bürgerrechts" und namentlich auch im Hinblick auf die in zahlreichen (1895) Gemeinden vorhandenen, teilweise nicht unbedeutenden Gemeindenutzungen. Man schreckte einerseits davor zurück, sämtliche Gemeindeeinwohner zur Teilnahme an den Nutzungen zuzulassen, anderseits „besondere abgeschlossene Nutzungsverbände innerhalb der Gemeinden" zu schaffen.

Nach dem Gemeindeangehörigkeitsgesetz von 1885 bildet der Besitz des Gemeindebürgerrechts die Voraussetzung für

1. das Recht der Teilnahme an den Wahlen zu den Gemeindeämtern;

2. die Berechtigung zur Teilnahme an den persönlichen Gemeindenutzungen und Bürgerstiftungen;

3. den Schutz gegen die landesrechtliche Ausweisung aus der Gemeinde;

4. die Pflicht zur Annahme einer Wahl in den Gemeinderat oder Bürgerausschuß, nicht auch zu sonstigen Ehrenämtern.

Das Bürgerrecht wird erworben

1. durch Abstammung: eheliche Kinder erwerben mit der Geburt das Bügerrecht ihres Vaters, uneheliche das ihrer Mutter. Ihr Bürgerrecht ist bis zur Vollendung ihres 25. Lebensjahres akzessorisch, sie nehmen bis dahin am Bürgerrechtserwerb und -verlust des Vaters bezw., wenn er gestorben ist oder im Fall unehelicher Geburt, der Mutter teil;

2. durch Legitimation;

3. durch Verehelichung: die Ehefrau teilt vom Zeitpunkt der Eheschließung an das Bürgerrecht ihres Ehemannes. Wird die Ehe durch den Tod des Ehemannes oder durch rechtskräftiges Urteil gelöst, oder wird die Ehefrau vom Ehemann böslich verlassen, so gelangt die Frau in den selbständigen Besitz des Bürgerrechts, das der Ehemann zur Zeit der Lösung der Ehe bzw. der böslichen Verlassung besessen hat;

4. durch Anstellung als Ortsvorsteher. Durch Ortsstatut kann bestimmt werden, daß auch noch andere Gemeindebeamte und Bedienstete, sofern sie die württembergische Staatsangehörigkeit besitzen, durch ihre Anstellung das Bürgerrecht erwerben;

5. durch Erteilung seitens des Gemeinderats auf Ansuchen. Voraussetzung für die Erteilung ist, daß der oder die Nachsuchende das württembergische Staatsbürgerrecht besitzt, 25 Jahre alt ist und irgend eine Steuer aus einem der Besteuerung der Gemeinde unterworfenen Vermögen oder Einkommen entrichtet, bzw. wenn eine solche Steuer gefordert würde, was ja in einzelnen kleinen Gemeinden nicht der Fall ist, zu entrichten hätte; endlich daß bei den Gesuchstellern nicht einer der Umstände vorliegt, wegen derer

der Ausschluß vom Wahlrecht eintritt (siehe unten). Der Mangel eines Wohnsitzes in der Gemeinde ist kein Hindernis für die Erteilung des Bürgerrechts. Ein Rechtsanspruch auf Erteilung des Bürgerrechts und ein Beschwerderecht gegen die Versagung besteht, wenn nur diese Voraussetzungen zutreffen, nicht, die Entscheidung des Gemeinderats ist vielmehr endgültig. Dagegen muß der Gemeinderat das Bürgerrecht solchen Personen auf ihr Ansuchen erteilen, die jenen Erfordernissen genügen, keinen Aufenthaltsbeschränkungen im Sinne des § 39 St.G.B. und des § 3 Abs. 1 des Freizügigkeitsgesetzes unterworfen werden können und außerdem entweder seit mindestens drei Jahren in der Gemeinde selbständig auf eigene Rechnung leben und irgend eine Steuer außer der Wohnsteuer bezahlt oder in der Gemeinde zu Beginn des zuletzt vorangegangenen Rechnungsjahres ihren Wohnsitz gehabt, selbständig auf eigne Rechnung gelebt und deshalb Wohnsteuer, sowie an Staats-, Amtskörperschafts- und Gemeindesteuern aus Grundeigentum, Gebäuden und Gewerben für jenes Rechnungsjahr insgesamt 50 Mk. entrichtet haben, ein Betrag, der durch Ortsstatut bis auf 25 Mk. ermäßigt und bis auf 100 Mk. erhöht werden kann. Es können also auch auswärts Wohnende einen Anspruch auf Erteilung des Bürgerrechts besitzen.

Zwangsweise Aufnahme in den Gemeindebürgerverband ist nicht zulässig; doch sollen, so schreibt die Vollzugsverfügung vor, diejenigen, bei denen die Voraussetzungen für den Bürgerrechtserwerb zutreffen, alljährlich mittelst ortsüblicher Bekanntmachung aufgefordert werden, sich das Bürgerrecht erteilen zu lassen.

Zur Entscheidung von Streitigkeiten über das Bestehen eines Anspruchs auf Bürgerrechtserwerbung sind die Verwaltungsgerichte zuständig.

Der weitaus häufigste Fall der Bürgerrechtserteilung ist der nach dreijährigem Aufenthalt des Gesuchstellers. Die gesetzliche Bügerannahmegebühr beträgt hier 10 Mk., es ist aber den Gemeinden offen gelassen, sie auf 5 Mk. zu ermäßigen, was in sämtlichen Städten außer Tuttlingen und Schwenningen geschehen ist. Die Bemühungen der Arbeiterschaft um Herabsetzung der Gebühr sind in diesen beiden Fabrikstädten bisher erfolglos geblieben. In den übrigen Fällen der Bürgerrechtserteilung ist eine ortsstatutarisch festzusetzende Gebühr von 10—50 Mk. zu entrichten. (Vgl. die Tabelle S. 49.)

Der Besitz des Bürgerrechts bildet, wie erwähnt, auch eine Voraussetzung für die Teilnahme an den Gemeindenutzungen, aber nicht die einzige. Der Eintritt in den Kreis der hierzu Berechtigten ist nur den männlichen, 25 Jahre alten, im Gemeindebezirk wohnenden, selbständig auf eigene Rechnung lebenden Bürgern gestattet, die entweder von einem nutzungsberechtigten

Bürger abstammen oder das ortsstatutarisch bestimmte Einstandsgeld bezahlt haben. Auch zum Genuß von Bürgerstiftungen sind nur diejenigen Bürger berechtigt, die, wenn das Ortsstatut dies vorschreibt, ein Einstandsgeld bis zu 100 Mk. entrichten. Außer den Nichtbürgern und Bürgern besteht also noch eine dritte Gruppe von Gemeindeeinwohnern in Gemeinden, in denen Bürgernutzungen gewährt werden [1], die der Nutzungsbürger und, wenn man will, noch eine vierte, die der stiftungsberechtigten Bürger.

Stadt	Gebühr für Bürgerrechtserteilung bei Rechtsanspruch nach 3jähr. Aufenthalt	Gebühr für Bürgerrechtserteilung bei Rechtsanspruch vor 3jähr. Aufenthalt	Gebühr für Bürgerrechtserteilung ohne Rechtsanspruch	Höhe des den Rechtsanspruch auf Bürgerrechtserteilung verleihenden Steuerbetrags
	Mk.	Mk.	Mk.	Mk.
Stuttgart	5	40	40	50
Ulm	5	40	40	50
Heilbronn	5	50	50	50
Eßlingen	5	20	20	25
Cannstatt	5	10	15	25
Reutlingen	5	20	20	50
Ludwigsburg	5	10	10	50
Göppingen	5	20	20	50
Gmünd	5	30	30	50
Tübingen	5	40	40	50
Tuttlingen	10	30	30	30
Ravensburg	5	50	50	50
Heidenheim	5	30	30	50
Schwenningen	10	20	20	50

Wer im selbständigen Besitz des Bürgerrechts sich befindet, wird in die Bürgerliste eingetragen, die in eine Abteilung für Ansässige und eine für Auswärtige zerfällt.

Das Gemeindebürgerrecht erlischt:

1. Mit dem Verlust der württembergischen Staatsangehörigkeit.

2. Durch Verzicht; ein solcher kann erst nach zurückgelegtem 25. Lebensjahre und mit sofortiger Wirkung nur von denjenigen Bürgern erklärt werden, die außerhalb des Gemeindebezirks wohnen. Die Verzichterklärung der innerhalb der Gemeinde Wohnenden tritt erst nach Ablauf eines Jahres und nur dann in Kraft, wenn die etwa dagegen erhobenen Einsprachen des Gemeinderats oder Oberamts beseitigt werden konnten. Solange der Verzichtende auf Grund einer gesetzlichen Verpflichtung ein Gemeindeamt bekleidet, bleibt der Verzicht jedenfalls unwirksam.

[1] Bürgernutzungen werden z. B. gewährt in Heilbronn und Schwenningen.

3. Durch (einmalige) Nichtbezahlung der sogenannten Rekognitionsgebühr, einer Gebühr von 4 Mk. (Männer) bzw. 2 Mk. (Frauen), die jeder über 25 Jahre alte, außerhalb der Gemeinde wohnende Bürger jährlich bezahlen muß. Wenn übrigens der Aufenthaltsort des betreffenden Bürgers der Gemeindebehörde bekannt ist, so ist der Verlust durch vorherige einmalige Mahnung bedingt.

Das Gesetz scheint es mit dieser, den Grundsätzen der Bürgergemeinde wenig entsprechenden Vorschrift geradezu darauf abgesehen zu haben, den Wegziehenden so rasch als möglich aus seinen Beziehungen zur Heimatgemeinde loszulösen.

4. Durch den Erwerb des Bürgerrechts in einer anderen württembergischen Gemeinde, sofern nicht das bisherige Bürgerrecht innerhalb der auf den Erwerb des neuen Bürgerrechts folgenden 3 Monate durch ausdrücklichen Vorbehalt gewahrt wird.

5. Bei Frauen durch Verehelichung mit einem Bürger einer anderen Gemeinde oder mit einem Nichtgemeindebürger.

6. Durch Legitimation.

Die Gründe, welche geltend gemacht werden für das Abweichen von dem seitherigen Grundsatz, allen steuerzahlenden Einwohnern, Württembergern und Nichtwürttembergern, falls sie seit mindestens 3 Jahren in der Gemeinde wohnten, das Gemeindewahlrecht einzuräumen, sind nicht besonders einleuchtend. Daß „die Anhänglichkeit an die Institution des Bürgerrechts" weniger der Institution als solcher als vielmehr ihrem Inhalt gilt, beweist das Verhältnis der Zahl der Bürger zu der der Nichtbürger vor 1885. Ist dies aber der Fall, so wird dieser „Anhänglichkeit" nicht zunahegetreten, wenn jener Inhalt erhalten und verallgemeinert wird, was wohl möglich ist, da er sich, anders als der des Staatsbürgerrechts, heutzutage erschöpft in einigen wenigen positiven, öffentlich-rechtlichen Befugnissen. Und was die Scheu vor der Schaffung besonderer abgeschlossener Verbände der zur Teilnahme an den Gemeindenutzungen Berechtigten betrifft, so bestehen solche Verbände ja auch nach dem Gesetz von 1885.

Das Gemeindeangehörigkeitsgesetz bedeutet gegenüber dem bis 1885 in Geltung gestandenen Recht einen entschiedenen Rückschritt. Es wurde dadurch allerdings die Möglichkeit der Erlangung des Wahlrechts insofern erweitert, als der Gemeinderat das Recht erhielt, alle bisher erst nach dreijährigem Aufenthalt Wahlberechtigten auf ihr Ansuchen sofort nach ihrem Anzug in der Gemeinde zu Bürgern zu machen und ihnen damit das Wahlrecht zu verleihen und indem solche Personen, die im Gemeindebezirk Grundeigentum oder Gebäude besitzen oder ein Gewerbe betreiben und daraus eine gewisse Steuersumme entrichtet haben, schon 1 Jahr nach ihrem Anzug zum Bürgerrechtserwerb zugelassen wurden. Aber indem man diese Erleichterung mit Bedingungen umgab, denen der Unbemittelte sich nicht wohl unterwerfen wird und die auch dem Wohlhabenderen den Wert der früheren Erlangung des Bürgerrechts zu übersteigen scheinen, machte man sie illusorisch und belud sich gleichzeitig mit dem Odium, auf indirektem Wege den wohlhabenderen Klassen ein Privilegium in Gemeindewahlsachen verschaffen zu wollen. Der tatsächliche Zustand ist der, daß in weitaus den meisten Fällen das Bürgerrecht Personen erteilt wird, die seit mehr als 3 Jahren im Gemeindebezirk wohnen, daß also jene Erweiterung der Zulassung zum Bürgerrecht praktisch so gut wie bedeutungslos ist[1]. Neben dieser Erweiterung hat nun aber das Gesetz insofern eine Einschränkung gebracht, als es den Erwerb des Bürgerrechts und damit des Wahlrechts auch für die mehr als 3 Jahre Ansässigen an Förmlichkeiten und Kosten knüpfte, denen sich die nach altem Recht Wahlberechtigten nicht ausgesetzt sahen und die mancher auf sich zu nehmen scheut. Es ist nicht leicht einzusehen, warum in einer Zeit, da der Anteil der Ortsgebürtigen, der Alteingesessenen an der Gesamtbevölkerung in den Städten stetig zurückgeht, den Zugewanderten, die in 10 von den 14 Städten die Mehrzahl der Einwohnerschaft ausmachen, der Zugang zur Anteilnahme an den Gemeindeangelegenheiten derart erschwert wird, wenn man nicht annehmen will, daß man bei Erlassung des Gesetzes die breiteren Schichten der Bevölkerung von den Gemeindewahlen nach Möglichkeit fernzuhalten beabsichtigte. Von diesem letzteren Gesichtspunkt wäre die Rechtsänderung verständlich, aber er scheint nach den Äußerungen des Ministers bei Beratung des Gesetzes die Regierung nicht geleitet zu haben. Was insbesondere die Bürgerannahmegebühr betrifft, so ist dem vielgehörten Argument, daß wer sie nicht aufwenden wolle, damit beweise, daß er die mit dem Bürgerrecht verknüpften Befugnisse gering achte und seine Interesselosigkeit an den Angelegenheiten der Gemeinde bekunde, schlechterdings keine Berechtigung zuzuerkennen. Abgesehen von anderem muß betont werden, daß es, wenn man nur solchen Personen Anteil an der Gemeindeverwaltung einräumen wollte, die ihr Interesse daran durch Zahlung einer bestimmten Gebühr erweisen, nur konsequent wäre, auch den Abkömmlingen von Bürgern einen solchen Beweis abzuverlangen; denn die

[1] In Stuttgart z. B. waren im Jahre 1901 von 991 Bürgerrechtserwerbern 989, die auf Grund mindestens dreijährigen Aufenthalts Anspruch auf Erteilung hatten; in Tuttlingen ist seit 1885 nur ein Fall vorgekommen, wo das Bürgerrecht nicht auf Grund dreijährigen Aufenthalts erteilt wurde; in Heidenheim sind nur zwei derartige Fälle bekannt.

Vermutung eines angestammten höheren Interesses bei diesen Personen als bei den Zugewanderten ist kaum haltbar.

Interessant ist, was die Motive zu diesem Punkt sagen: „Der Erwerb des neuen Bürgerrechts kann prinzipiell mit keinen Lasten verbunden werden, wenn das Wahlrecht den unbemittelten Klassen, welches der Art. 3 des Gesetzes vom 6. Juli 1849 geschaffen hat, ungeschmälert gelassen werden will.“ Trotzdem wird die Erhebung von Gebühren, wenn auch geringer[1], vorgeschrieben. Sie sollen ein Ersatz für die Mühewaltung der Behörden sein. Dies mutet einen eigentümlich an, wenn man bedenkt, daß einerseits eine rege allgemeine Anteilnahme der Einwohnerschaft an den Gemeindeangelegenheiten im öffentlichen Interesse gelegen ist, was auch der Entwurf anerkannte, indem er die zwangsweise Erteilung des Bürgerrechts vorsah, und anderseits, daß ein weit höheres Maß von Inanspruchnahme der Behörden im klassischen Land der Beschwerde gebührenfrei ist, und zwar auch in Fällen, wo nicht das geringste öffentliche Interesse im Spiel steht. Ebensowenig wie hierdurch ist die Gebührenerhebung durch die Rücksicht auf die Gemeindefinanzen gerechtfertigt, da ihr Betrag im Verhältnis zu den Gesamteinnahmen der Gemeinden verschwindend ist. Hier nur die Zahlen der 6 größten Städte: Nach den Etats für 1903/04 belief er sich in Stuttgart auf 4500 Mk., in Ulm auf 800 Mk., in Heilbronn auf 500 Mk., in Cannstatt auf 400 Mk., in Eßlingen und Reutlingen auf nur 200 Mk.

Man kann sich unter diesen Umständen des Eindrucks nicht erwehren, daß ein gutes Stück Pedanterie in dem Gesetz steckt und dies auch dann, wenn man beim Gesetzgeber die Absicht der Verkümmerung des Wahlrechts der unteren Klassen annimmt, denn die Erschwerungen, die das Gesetz hierin geschaffen hat, waren nicht bedeutend genug, um besonders tiefgehende Wirkungen nach dieser Richtung hervorzubringen. Namentlich die Anhänger der Sozialdemokratie, denen die Vorschriften vornehmlich zu gelten den Anschein haben, lassen sich, unterstützt von ihrer Parteikasse, dadurch meist nicht abhalten, durch den Erwerb des Bürgerrechts sich bzw. ihrer Partei Einfluß auf die Gemeindeangelegenheiten zu verschaffen, und wenn die Sozialdemokratie in den städtischen Kollegien nicht mehr Vertreter hat als tatsächlich der Fall ist (siehe unten), so ist dies sicherlich weniger eine Folge der mit dem Bürgerrechtserwerb verknüpften Umständlichkeiten und Auslagen als der Forderung einer gewissen Dauer des Aufenthalts in der Gemeinde, auf die ja nicht wohl verzichtet werden kann.

[1] Die vom Entwurf vorgesehenen Gebühren waren niedriger als die des Gesetzes.

Der bestehende Rechtszustand auf diesem Gebiet ist also nicht sehr befriedigend. Er wird durch die in Gang befindliche Reform der Gemeindeverfassung nicht wesentlich berührt werden.

Was das Verhältnis der Zahl der Bürger zu der Gesamteinwohnerzahl betrifft, so ergibt sich[1] aus der Gegenüberstellung der Zahl der Reichstagswähler zu der der Gemeindewähler, daß es sich in den Städten zwischen 10 und 20000 Einw. ungefähr zwischen 40 % (Ludwigsburg) und 61 % (Tuttlingen), in den Städten zwischen 20 und 50000 Einw. zwischen 37,9 (Ulm) und 55 % (Reutlingen und Eßlingen) bewegt. In Stuttgart kommen auf 1000 Reichstagswähler 418, in 7 von den 14 Städten weniger als 500 Gemeindewähler.

VIII. Gemeinsames über Gemeinderat und Bürgerausschuß.

1. Einleitung.

Das württembergische Gemeindeverfassungsrecht hat mit dem französischen Recht die fast vollkommene Gleichstellung der Städte und Landgemeinden gemein. Im übrigen steht es auf dem Boden des Systems der Magistratsverfassung; denn es hat einen kollegialisch organisierten, periodisch gewählten Gemeindevorstand, den Gemeinderat, dem ein zweites gewähltes Kollegium, der Bürgerausschuß, als Kontrollorgan gegenübersteht. Diese Magistratsverfassung weist aber verschiedene, dem württembergischen Recht eigentümliche Merkmale auf, vor allem die Lebenslänglichkeit des Ortsvorstehers und die periodische direkte Wahl des Gemeinderats, die Bestellung des Gemeindevorstands und der zu seiner Kontrolle berufenen Vertretung der Bürgerschaft durch denselben Wählerkreis auf Grund genau desselben Wahlrechts. Die Verfassung trägt unverkennbare Spuren einer nicht ganz organischen Umbildung an sich. Solange die Gemeinderatsmitglieder auf Lebenszeit gewählt wurden, was bis 1849 der Fall war, fügte sich die Lebenslänglichkeit seines Vorsitzenden, des Ortsvorstehers, und das Vorhandensein einer besonderen „Vertretung der Bürgerschaft gegenüber dem Gemeinderat", dem System vollkommen ein. Mit Einführung des neuen Modus der Bestellung des Gemeinderats aber erlitt diese Folgerichtigkeit einen empfindlichen Stoß.

Die Abschaffung der Lebenslänglichkeit der Mitglieder des Gemeinde-

[1] Genaue Zahlen fehlen.

rats bei Belassung der Lebenslänglichkeit des Amts des Vorsitzenden mußte naturgemäß den Einfluß des letzteren wesentlich stärken, dementsprechend die Stellung des Gemeinderats als des eigentlichen Verwaltungskörpers erschüttern und sie der einer Schranke für die Willensbetätigung des Ortsvorstehers, der eines Kontrollorgans für ihn, nähern. Dieser Funktion des Gemeinderats war natürlich die direkte Wahl in hohem Grade förderlich und angemessen, aber die Bestellung eines besonderen Bürgerausschusses als Kontrollorgan für den Gemeinderat war dieser veränderten Sachlage nicht mehr recht angepaßt.

Die Gemeindereform bringt hierin eine tiefgreifende Änderung, indem sie die Lebenslänglichkeit des Ortsvorsteheramts, die viel Selbstherrlichkeit und Gewalttätigkeit, aber auch viel Sachkunde und Festigkeit in die Gemeindeverwaltung hineingetragen hat, aufheben wird.

2. Aktives und passives Wahlrecht.

Nach Art. 12 des Gemeindeangehörigkeitsgesetzes von 1885 steht, vorbehältlich der Bestimmung des § 31 St.G.B., das Recht der aktiven und passiven Teilnahme an den Wahlen zum Gemeinderat und Bürgerausschuß denjenigen männlichen Bürgern zu, die im Gemeindebezirk wohnen, das 25. Lebensjahr zurückgelegt haben und daselbst Steuern aus einem der Besteuerung dieser Gemeinde unterworfenen Vermögen oder Einkommen oder wenigstens Wohnsteuer[1] entrichten oder, wenn sie gefordert würden, zu entrichten hätten.

Das aktive und passive Wahlrecht ist entzogen denjenigen Bürgern:

1. welche unter Vormundschaft stehen;

2. welchen die bürgerlichen Ehrenrechte oder die Fähigkeit zur Bekleidung öffentlicher Ämter aberkannt worden ist (§§ 32—36 St.G.B.), während der Dauer des Verlusts dieser Rechte;

3. gegen welche wegen eines Verbrechens oder Vergehens das Hauptverfahren eröffnet ist, wenn nach Entscheidung der Strafkammer des Landgerichts als wahrscheinlich anzunehmen ist, daß die Verurteilung die Entziehung der Wahl- und der Wählbarkeitsrechte zur Folge haben werde;

4. über deren Vermögen das Konkursverfahren eröffnet ist, während der Dauer des Verfahrens;

5. welche — den Fall eines vorübergehenden Unglücks ausgenommen — eine Armenunterstützung aus öffentlichen Mitteln beziehen oder im laufenden

[1] Die Wohnsteuer ist eine Kopfsteuer, die jeder im Gemeindebezirk wohnende und selbständig auf eigene Rechnung lebende Einwohner zu bezahlen hat.

oder letztvergangenen Rechnungsjahr bezogen und diese zur Zeit der Wahl nicht wieder erstattet haben;

6. welche, obwohl sie mindestens 4 Wochen vorher speziell gemahnt wurden, mit Bezahlung ihrer Steuern aus einem der letztvergangenen 3 Rechnungsjahre mehr als 9 Monate nach Ablauf des Rechnungsjahrs, in dem sie fällig geworden sind, noch ganz oder teilweise im Rückstand sind und auch keine Stundung dafür erhalten haben, bis zur Vereinigung des Rückstands;

7. welche ihrer Verpflichtung zur Annahme einer auf sie gefallenen Wahl in den Gemeinderat oder Bürgerausschuß und zur Ausübung dieses Amts trotz wiederholter Aufforderung und Bestrafung nicht nachgekommen und deshalb ihrer Wahl- und Wählbarkeitsrechte vom Gemeinderat zeitweise verlustig erklärt worden sind.

8. Bei den Wahlen zum Bürgerausschuß ruht ferner das passive Wahlrecht der Gemeinderatsmitglieder und der auf Lebenszeit oder auf einen festbestimmten Zeitraum angestellten Gemeindebeamten.

Das Gemeindewahlrecht ist hiernach sehr liberal; denn es ist einfach jeder unbescholtene, selbständig auf eigene Rechnung lebende Bürger ohne Rücksicht auf sein Vermögen wahlberechtigt. Es wird ja allerdings durch die Vorschriften über den Bürgerrechtserwerb einigermaßen eingeschränkt, aber, wie erwähnt, sind diese Einschränkungen nicht besonders schwerwiegender Natur. Zu gunsten des Besitzes gelten nur wenige Bestimmungen. Einmal ist den Wohlhabenderen der Bürgerrechtserwerb erleichtert, weiterhin sind den in der Gemeinde Wohnenden diejenigen Bürger gleichgestellt, die mit Staatssteuer aus Grundeigentum Gebäuden oder Gewerben im Mindestbetrag von 25 Mk. veranlagt sind und endlich — es darf hiervon wohl in diesem Zusammenhang gesprochen werden — ist denjenigen Gemeindesteuerpflichtigen, die ein Viertel der gesamten, auf Grundeigentum, Gebäude und Gewerbe fallenden Gemeindeumlagen oder mehr zu bezahlen haben, ein gewisser, nicht unwesentlicher Einfluß bei der Aufstellung des Jahresetats eingeräumt. Was die erste Vergünstigung betrifft, so ist schon bemerkt worden, daß sie praktisch wenig bedeutungsvoll ist, die beiden anderen sind, wie leicht begreiflich ist, zwar in kleinen, nicht aber in großen Gemeinden von Belang.

3. Die Wahl.

Alljährlich, im Dezember, findet eine Wahl für eines der beiden Kollegien statt, in den ungeraden Jahren die für den Gemeinderat, in den geraden die für den Bürgerausschuß. Der Wahltag ist in jeder Gemeinde durch Beschluß der beiden Kollegien bleibend bestimmt, doch wird er natürlich einige Zeit vor der Wahl stets besonders wieder bekanntgegeben. Es ist überall ein Werktag; die Bemühungen der sozialdemokratischen Kollegialmitglieder einzelner Städte, einen arbeitsfreien Tag (Weihnachtsfeiertag) zum Wahltag zu machen, haben zu keinem Ergebnis geführt.

Einige Zeit vor der Wahl wird die Wählerliste aufgestellt, was in der Weise geschieht, daß die aus dem Stadtvorstand, dem Obmann des Bürgerausschusses, dem Stadtpfleger und einem Ratsschreiber bestehende Kommission zusammentritt, auf Grund der Einwohnermeldelisten nebst den dazu gehörigen Akten die Bürgerlisten ergänzt, die erforderlichen Erhebungen über das Vorliegen von Tatsachen, die das Ruhen des Wahlrechts bewirken bzw. das Wahlrecht ausschließen, nötigenfalls durch Anfragen bei den in Frage kommenden Behörden anstellt und dann die hiernach als wahlberechtigt Ermittelten in eine besondere Liste einträgt, und zwar in eine Abteilung derselben die Ansässigen, in eine zweite die auswärts Wohnenden. Die Wählerliste muß mindestens 8 Tage vor dem anberaumten Wahltag fertiggestellt sein und dann einige Zeit auf dem Rathaus oder einem anderen geeigneten Lokal zu allgemeiner Ansicht ausgelegt werden. Über Einsprachen gegen die Wählerliste entscheidet der Gemeinderat, und zwar jedenfalls vor Schluß der Wahlhandlung. Die Einsprachefrist endigt frühestens mit dem Schluß des dritten Tages vor der Wahl. Gegen die Entscheidung des Gemeinderats ist weitere Beschwerde an das Oberamt zulässig, die aber keine aufschiebende Wirkung hat. Die Versäumung der Einsprachefrist hat übrigens für den zu Unrecht in die Liste nicht Aufgenommenen den Verlust des Wahlrechts für die bebetreffende Wahl nicht unbedingt zur Folge. Er wird vielmehr auch am Wahltag noch zum Beweis zugelassen, daß er aus offenbarem Versehen der Kommission nicht in die Liste aufgenommen worden sei.

Irgendwelche nennenswerten Anstände hat die beschriebene Art der Aufstellung der Wählerliste nirgends zutage gefördert.

Die Wahl erfolgt in allen Städten über 10 000 Einwohnern in mehreren Abstimmungsräumen, und zwar entweder so, daß einzelne Wahlbezirke mit je einem besonderen Wahlraum gebildet werden (so in verschiedenen der großen Städte, namentlich auch in Stuttgart), oder daß der Anfangsbuchstabe des Geschlechtsnamens der einzelnen Wähler darüber entscheidet, wo der Betreffende abstimmt. Für jeden Wahlraum wird eine Wahlkommission gebildet, die aus dem Ortsvorsteher oder seinem Stellvertreter bzw. einem von ihm zu bestellenden Wahlkommissar (z. B. einem städtischen Beamten) als Vorsitzenden und je einem vom Gemeinderat und Bürgerausschuß aus seiner Mitte gewählten Mitglied besteht.

Die Abstimmung ist geheim, jedoch ohne die Sicherungsmittel des Wahlkuverts und Isolierraums. Auch der Entwurf der Gemeindeordnung sieht letztere nicht vor, dagegen sollen sie nach den Kommissionsbeschlüssen der Kammer der Abgeordneten im neuen Gesetz vorgeschrieben werden, ohne daß übrigens zur Begründung hierfür konkrete Fälle hätten bezeichnet werden können, in denen das bisherige Wahlverfahren zu Mißständen geführt hätte.

Die einzelnen Wahlkommissionen öffnen die bei ihnen abgegebenen Stimmzettel, zählen die Stimmen und teilen das Ergebnis derjenigen Wahlkommission mit, in der der Ortsvorsteher oder sein Stellvertreter den Vorsitz hat, worauf letzterer das endgültige Wahlergebnis ermittelt.

Eine Nachwahl bei ungenügender Wahlbeteiligung wird nicht vorgenommen. Die diesbezügliche Gesetzesvorschrift ist in den größeren Städten durch Ortsstatut außer Kraft gesetzt[1]. Eine Bestätigung der Wahl durch die Staatsbehörde findet nicht statt. Beschwerden gegen die Gültigkeit der Wahl werden in erster Instanz vom Oberamt, in zweiter und letzter von der Kreisregierung entschieden.

Die Wahl ist eine direkte Listenwahl ohne Stimmenhäufung; es kann also jeder Wähler so viel verschiedene Namen auf seinen Wahlzettel setzen, als es zu Wählende sind. Dieses System verdient natürlich bei Städten von der Größe der württembergischen entschieden den Vorzug vor dem der Wahl von Abgeordneten der einzelnen Stadtbezirke. Immerhin darf nicht unbeachtet bleiben, daß es selbst eine sehr beträchtliche Minderheit von der Vertretung in den Gemeindekollegien vollständig ausschließen kann, was bei Bezirkswahlen nicht in gleichem Maße der Fall ist. So brachte bei der letzten Gemeinderatswahl in Göppingen (1903) die Sozialdemokratie keinen Kandidaten durch, obgleich sie die stärkste Partei daselbst ist und den 722 unabgeänderten Stimmzetteln der vereinigten Deutschen (nationalliberalen) Partei und Volkspartei 485 Stimmzettel entgegenstellen konnte; noch bemerkenswerter ist das Wahlergebnis in Gmünd, wo sich zwei Wählergruppen geschlossen gegenüberstanden: das Zentrum einerseits und die übrigen Parteien anderseits. Das Verhältnis der unabgeänderten Stimmzettel der beiden Gruppen war 835 : 722, und die Folge war, daß von der zweitgenannten Gruppe nicht ein Vertreter gewählt wurde. — In Zukunft, d. h. wenn der Gemeindeordnungsentwurf Gesetz wird, wird in denjenigen Städten, welche die Magistratsverfassung des Entwurfs bekommen, eine solche Majorisierung nam-

[1] Bei den Gemeinderatswahlen 1903 haben in fünf Städten weniger als 50 % der Wähler abgestimmt, und es hätten also nach dem Gesetz Nachwahlen stattfinden müssen.

hafter Wählergruppen, die übrigens auch heute nicht gerade die Regel bildet, nicht mehr möglich sein, da die Einführung des Proportionalwahlsystems vorgesehen ist. — Bei Beratung des Entwurfs wurde die Befürchtung laut, daß dieses System den Einfluß der politischen Parteien auf die Gemeindewahlen verstärken, die Parteigegensätze in die Gemeindeverwaltung verpflanzen werde; demgegenüber ist jedoch zu bemerken, daß schon jetzt in einer Reihe von Mittelstädten die Gemeindewahlen im wesentlichen von den politischen Parteien gemacht werden. Eigentliche Kommunalparteien mit besonderen Programmen sind noch in keiner dieser Städte hervorgetreten.

Was die Stellungnahme der politischen Parteien zu den Gemeindewahlen betrifft, so pflegen in den wenigsten Städten reine, d. h. nur Parteiangehörige enthaltende Parteiwahlzettel aufgestellt zu werden. Das Kompromiß spielt eine außerordentlich große Rolle, und auch wo keine eigentlichen Wahlbündnisse geschlossen werden, kommen häufig Vertreter der verschiedensten Richtungen auf den offiziellen Parteiwahlvorschlag. Darin äußert sich der günstige Einfluß der verschiedenartigen Vereinigungen, die sich neben den politischen Parteien mit den Gemeindewahlen beschäftigen. Das Verhältnis ist übrigens meist so, daß diese Vereinigungen Anschluß bei denjenigen politischen Parteien suchen, der die überwiegende Mitgliederzahl angehört, nicht umgekehrt, und in den wenigsten Städten nehmen sie eine wirklich bedeutende Stellung bei den Wahlen ein, aber willkommene Bundesgenossen sind sie den Parteien jedenfalls, und daher werden ihnen unter Umständen gerne Konzessionen gemacht. Als solche Vereinigungen sind zu nennen: Bürgervereine (Ulm, Eßlingen, Cannstatt, Reutlingen, Gmünd, Tübingen, Tuttlingen, Heidenheim), städtische Bezirksvereine (Ulm, Heilbronn, Cannstatt, Tuttlingen), Handwerkervereine (Reutlingen), Wirtsvereine (Ulm und Reutlingen), Weingärtnervereine (Heilbronn, Reutlingen), Güterbesitzervereine (Cannstatt), Konsumvereine (Tuttlingen), evangelische und katholische Arbeitervereine (Heilbronn, Gmünd und Ravensburg). Ein Mieterverein hat außerhalb Stuttgarts noch nirgends an den Wahlen offiziell Anteil genommen. Bemerkenswert ist, wie in Ludwigsburg die Wahlvorschläge zustande kommen. Vor der Wahl wird eine allgemeine Bürgerversammlung von einem in einer früheren Versammlung bestellten Vorsitzenden einberufen. In dieser Versammlung kann jeder Anwesende Vorschläge für die Wahl machen. Über diese Vorschläge wird abgestimmt, und doppelt so viel Namen, als Sitze in den Gemeindekollegien erledigt sind, kommen nach der Reihenfolge der Stimmenzahl, die auf die einzelnen Namensträger fallen, auf den Wahlvorschlag, der dann bekannt gemacht wird, und aus dem die Wahlvorschläge der einzelnen Parteien zusammengestellt werden.

Von seiten der lokalen Parteipresse, der Lokalpresse überhaupt, geht in den

Mittelstädten wenig Einfluß auf die Gemeindewahlen und die Gemeindeverwaltung aus. Selbständige Artikel über Gemeindeangelegenheiten sind kaum je irgendwo zu finden; in einer Reihe von Städten findet nicht einmal eine genaue Berichterstattung über die Verhandlungen der Gemeindekollegien statt, geschweige denn eine kritische Besprechung derselben. In Wahlzeiten beschränkt sich in den meisten Mittelstädten die Lokalpresse darauf, ihren Inseratenteil für Wahlaufrufe, und zwar der Regel nach aller Parteien, zu öffnen.

Auch in Stuttgart werden die Gemeindewahlen in der Hauptsache von den politischen Parteien gemacht. Die parteilosen Gruppen, die sich damit befassen, sind nicht mächtig genug, um ganz selbständig für sich vorzugehen. Immerhin stellen die vierzehn städtischen Bezirks- bzw. Bürgervereine, der Mieter- und der Hausbesitzerverein sehr beachtenswerte Faktoren bei den Wahlen dar, mit denen die Parteien ernstlich zu rechnen haben. Es finden denn auch regelmäßig vor den Wahlen Unterhandlungen statt zwischen den Parteien und jenen Vereinigungen, die dann zur Folge haben, daß reine Parteizettel für die Regel nicht ausgegeben, sondern daß Namen ausgewechselt werden, die unter Umständen weitgehende Konzessionen der einzelnen an der Abmachung beteiligten Seiten bedeuten, daß auch Männer gewählt werden, die auf keine bestimmte Partei eingeschworen sind. Über die Stärke der einzelnen Parteien und Vereine ergibt die Bürgerausschußwahl von 1902 einige Anhaltspunkte, da in jenem Jahre die Zersplitterung der Wähler besonders groß war. Es waren fünfzehn Sitze zu besetzen; dabei wurden zehn Wahlzettel mit zusammen 38 Kandidaten vorgeschlagen. Unabgeänderte Zettel wurden abgegeben von der Sozialdemokratie 3628, von der Deutschen Partei 1930, Volkspartei 1016, Konservative 791, Zentrum 492, Vereinigte dreizehn Bürgervereine 687, Hausbesitzerverein 470, Handwerkervereinigung 340, Mieterverein 170, Karlsvorstadt 32.

Die Bürgervereine haben sich auf kein bestimmtes Programm festgelegt, nehmen vielmehr, wie anderwärts auch, von Fall zu Fall Stellung zu den einzelnen Fragen. Dagegen hat ein Programm insbesondere der Mieterverein, der satzungsgemäß sich mit der „Betätigung der Vereinsinteressen bei der Bauentwicklung der Stadt" befaßt und bei den Gemeindewahlen Stellung nimmt. Er verlangt von der Gemeinde: „1. Festhalten des der Gemeinde gehörigen Grundeigentums und dessen planmäßige Vermehrung und Hingabe desselben in Privathände nur in einer Rechtsform, welche jede Ausbeutung durch Privatspekulation ausschließt; 2. tatkräftige Unterstützung aller wirklich gemeinnützigen Bestrebungen zur Besserung der Wohnungsverhältnisse, insbesondere durch Förderung der Baugenossenschaften." Vom Staat erwartet er: „1. Ausgestaltung der Grund- und Bodensteuer unter schärferer Heranziehung des unbebauten Baugrundes; 2. Einführung der Zuwachssteuer, d. h. einer Steuer auf den Wertzuwachs des Baugeländes, welcher ohne Zutun des Eigentümers durch seine Lage und danach durch die Arbeit der Gemeindegenossen entsteht.“ Dem sehr rührigen Verein ist es bereits gelungen, sich sowohl im Gemeinderat als im Bürgerausschuß eine Vertretung zu verschaffen.

Der Wahlkampf ist meist kurz aber lebhaft. Wirkliche Wahlagitationsversammlungen werden eigentlich nur von der Sozialdemokratie veranstaltet, bei der auch mehr als bei anderen Parteien die Presse in den Dienst der Sache gestellt wird. — Was das Ergebnis der Wahlen, mit anderen Worten die Zusammensetzung der bürgerlichen Kollegien betrifft, so ist bemerkenswert, daß die stärkste Partei der Stadt, die bei den Landtagswahlen über mehr als 50 % der Wähler verfügt, im Gemeinderat nicht mehr als 4, im Bürgerausschuß nur 3 (von jetzt an nur noch 2) von 24 bzw. 27 Sitzen hat, und daß die Volkspartei, auf die bei den letzten Landtagswahlen nur 9,46 % der abgegebenen Stimmen gefallen waren, im Gemeinderat 10, im Bürgerausschuß 12 Vertreter hat. Solche Ergebnisse kann das Listenwahlsystem zeitigen.

4. Wirkungen des Wahlrechts.

Spielen so bei den Wahlen die Parteigegensätze auch überall eine große Rolle, so treten sie doch, jedenfalls was die bürgerlichen Parteien betrifft, innerhalb der Gemeindekollegien mehr oder weniger, vielfach vollständig zurück, und eine fraktionsartige Absonderung, Parteibesprechungen vor den einzelnen Abstimmungen, grundsätzlich geschlossene Abstimmungen der Angehörigen der einzelnen Parteien kommen eigentlich nur in Stuttgart und auch da nicht regelmäßig vor. Einmal ist die Mitgliederzahl der Kollegien hierfür viel zu gering. Sie beträgt bei beiden Kollegien einschließlich der Vorsitzenden in Ulm, Heilbronn, Eßlingen, Reutlingen und Göppingen je 19, in Cannstatt, Ludwigsburg, Gmünd und Tübingen je 17, in Tuttlingen und Ravensburg je 15, in Heidenheim und Schwenningen je 13. Auch in Stuttgart befinden sich nicht mehr als 27 Mitglieder in jedem der beiden Kollegien. Ein weiterer Grund ist, daß die bürgerlichen Parteien erst in neuester Zeit detaillierte Kommunalprogramme aufzustellen und kommunalpolitische Fragen in ihren Parteiversammlungen zu erörtern beginnen, daß es also den einzelnen Parteigenossen in vielen Fragen an einer von der Partei offiziell vorgezeichneten Marschroute fehlt. In Schwenningen z. B. stimmten Deutsche Partei und Volkspartei gegen, in Heilbronn für die Abschaffung des Volksschulgeldes und der Konsumsteuer (Fleischsteuer). In

Schwenningen und Tuttlingen wurde von den bürgerlichen Parteien der Antrag auf Herabsetzung der Bürgerannahmegebühr abgelehnt (siehe oben), in den anderen Städten angenommen. Etwas geschlossener treten im allgemeinen die sozialdemokratischen Gemeindevertreter auf, die vor einigen Jahren in verschiedenen Städten ihren Einzug auf das Rathaus gehalten haben. Sie fehlen gegenwärtig nur noch in Ulm, Ludwigsburg, Tübingen und Ravensburg, wo die Partei zu schwach vertreten ist, als daß sie mit Aussicht auf Erfolg in den Gemeindewahlkampf eintreten könnte[1]. Heilbronn, Eßlingen, Cannstatt und Schwenningen haben je 3, Göppingen und Tuttlingen je 2, Reutlingen, Gmünd und Heidenheim je 1 Sozialdemokraten im Gemeinderat. Im Bürgerausschuß haben Eßlingen, Canstatt und Schwenningen je 2, Reutlingen 1 Sozialdemokraten. Übereinstimmend wird ihnen das Zeugnis erteilt, daß sie der Gemeindevertretung sehr gut anstehen, ein Element des Fortschritts darstellen, das häufig äußerst wohltätig wirkt, und daß sie praktisch mitarbeiten an den Gemeindeangelegenheiten. In Heilbronn z. B. stimmten sie für die Erhöhung der Gehälter auch der höheren Beamten, in Göppingen für Erhöhung des Schulgeldes an den höheren Schulen, indem sie ihre abweichenden Grundsätze praktischen Erwägungen unterordneten.

Die Wirkungen des Gemeindewahlrechts auf die soziale Gliederung, die berufliche Zusammensetzung der Gemeindekollegien geht aus der nachfolgenden Übersicht (S. 62) hervor.

Bemerkenswert ist die zahlreiche Vertretung des Groß- und Kleingewerbes und das ziemlich starke Zurücktreten der gelehrten Berufe. Ärzte fehlen bedauerlicherweise fast überall. Rechtsanwälte finden sich in 7 Gemeinderäten und 6 Bürgerausschüssen. Da bisher in den Mittelstädten noch nirgends von der gesetzlichen Befugnis zur Anstellung besoldeter rechtskundiger Gemeinderäte Gebrauch gemacht worden ist, die Ortsvorsteher ihrer überwiegenden Mehrheit nach Verwaltungsbeamte sind und zahlreiche Verwaltungsakte eine Vertrautheit mit der Gerichtspraxis voraussetzen, wie sie der Verwaltungsbeamte nicht haben kann, so ist klar, daß die Anwesenheit von Männern, die in der juristischen Praxis stehen, in den Gemeindevertretungen von Vorteil sein muß, und sie wird denn auch allgemein als solcher empfunden. Von einem Advokatenregiment kann nirgends gesprochen werden. Die in Frage stehenden Kollegialmitglieder haben überall zu viel gebildete Elemente neben sich, als daß ihnen die Gewandtheit im Gebrauch

[1] Ihre Kandidaten erhielten bei der Landtagswahl im Jahre 1900 in Ulm nur 16 %, in Ludwigsburg 11 %, in Tübingen 1,8 % aller abgegebenen Stimmen.

	Landwirte inkl. Gärtner u. Weingärtner		Fabrikanten		Kleingewerbetreibende		Kaufleute		Wirte		Bauunternehmer		Ingenieure		Spediteure		Arbeiter		Beamte und Lehrer		Rechtsanwälte		Ärzte		Apotheker		Höhere Privatangestellte		Redakteure		Privatiers	
	a	b	a	b	a	b	a	b	a	b	a	b	a	b	a	b	a	b	a	b	a	b	a	b	a	b	a	b	a	b	a	b
Stuttgart . . .	2	2	3	3	1	4	5	5	1	0	5	4	1	0	0	0	3	1	0	4	1	1	1	1	0	0	0	1	0	0	1	0
Ulm	0	2	5	5	1	2	2	3	0	0	1	0	1	0	0	0	0	0	0	0	3	1	0	1	1	0	0	1	0	0	4	3
Heilbronn . .	1	0	4	3	3	6	3	4	1	1	1	1	0	0	0	0	2	0	1	1	2	1	0	0	0	0	0	0	0	1	0	0
Eßlingen . . .	2	2	4	8	4	2	2	1	2	0	2	1	0	0	0	0	0	1	1	1	0	0	0	0	0	1	0	0	0	0	1	0
Cannstatt . . .	2	3	4	3	4	4	0	4	1	1	2	1	0	0	0	0	0	0	0	0	0	0	0	0	0	0	0	0	0	0	3	1
Reutlingen . .	4	2	5	2	3	3	0	4	1	2	1	0	0	0	0	0	0	1	0	0	0	1	0	0	0	0	0	0	0	0	4	2
Ludwigsburg .	2	0	4	2	3	8	2	2	0	0	1	0	0	0	0	1	0	1	0	0	0	0	0	0	1	0	1	1	0	0	2	0
Göppingen . .	2	1	6	6	3	7	0	2	1	0	2	2	0	0	0	0	0	1	0	0	1	0	0	0	0	0	0	0	1	0	1	0
Gmünd	0	0	7	2	1	5	3	1	1	0	0	1	0	0	0	0	2	3	0	1	0	2	0	0	1	0	0	0	0	0	0	1
Tübingen . . .	3	2	1	2	4	7	2	2	0	1	2	0	0	0	0	0	0	0	1	0	1	0	0	1	0	0	0	0	0	0	1	2
Tuttlingen . .	0	0	5	4	3	7	3	4	1	0	0	0	0	0	0	0	1	0	0	0	0	0	0	0	0	0	0	0	0	0	1	0
Ravensburg . .	0	1	4	3	2	7	1	1	0	0	1	0	0	0	1	1	0	0	0	0	1	1	0	0	0	0	1	1	0	0	4	0
Heidenheim . .	0	1	2	3	4	5	0	2	0	0	1	0	0	0	0	0	1	1	0	0	1	0	0	0	0	0	0	0	0	0	2	0
Schwenningen .	0	1	2	1	3	3	0	0	1	2	0	1	0	0	0	0	0	2	2	0	0	0	0	0	0	0	1	1	0	0	2	0
Zusammen . .	18	17	56	47	39	70	23	35	10	7	19	11	2	0	1	2	9	11	5	7	10	7	1	3	3	1	3	5	1	1	26	9

a = Gemeinderat.
b = Bürgerausschuß.
In verschiedenen Städten sind einzelne Sitze erledigt.

des Worts, die sie vermöge ihres Berufs besitzen, einen überragenden Einfluß auch in Dingen verschaffen könnte, die außerhalb der Sphäre ihrer Sachkenntnis liegen.

Techniker fehlen nur in Tuttlingen. Es besteht ja die Gefahr, daß Bauunternehmer namentlich in Stadtbauplansachen ihren Einfluß und ihre auf dem Rathaus erworbenen Kenntnisse mißbrauchen, und diese Gefahr ist nicht immer nur eine theoretische. Dem stehen nun aber nicht leicht zu überschätzende Vorteile gegenüber. Es ist eine nicht wegzuleugnende Tatsache, daß der im Dienst einer öffentlichen Verwaltung stehende beamtete Techniker leicht geneigt ist, anders, weniger sparsam vor allem, zu bauen als der Private, und so ist es zweifellos von Wert, wenn in den Gemeindekollegien Leute vorhanden sind, die zu sachverständiger Kritik befähigt sind. Alle Städte sind zudem Gewerbeunternehmerinnen, und die Gemeindevertretungen sehen sich in der Lage, technische Betriebe zu verwalten und zu überwachen. Daß hierbei eine qualifizierte Sachkenntnis von Wichtigkeit ist, bedarf keiner besonderen Begründung.

Auffallend zahlreich sind die Techniker in den Stuttgarter Gemeindekollegien vertreten. Wenn man jedoch bedenkt, welch breiten Raum technische Fragen in der Stuttgarter Stadtverwaltung einnehmen, welche Schwierigkeiten der Stadtbauplan, die Stadterweiterung bei der Lage Stuttgarts bereitet, welch schwerwiegende Fragen nach letzterer Richtung hin zurzeit noch ihrer Lösung harren, so ist das Interesse der Techniker, besonders der Bauunternehmer, an der aktiven Teilnahme an den städtischen Angelegenheiten und das Interesse der Bürgerschaft, Sachverständige in die Gemeindevertretung zu bestellen, begreiflich.

Die geringe Zahl von Arbeitern in den Gemeindevertretungen ist nicht verwunderlich. Der Beruf des Gemeindevertreters ist mit dem eines Arbeiters aus naheliegenden Gründen schwer vereinbar. Daß es der Arbeiterschaft trotzdem nicht an Vertretern fehlt, erhellt aus der Zahl der Sozialdemokraten in den Gemeindekollegien.

Die Mannigfaltigkeit der beruflichen und sozialen Gliederung der bürgerlichen Kollegien in den Städten läßt kaum vermuten, daß man das Produkt eines so freisinnigen Wahlrechts vor sich hat, wie es das württembergische ist, und sie scheint wohl geeignet, manche pessimistische Vorstellungen von den Wirkungen des allgemeinen, gleichen, direkten und geheimen Wahlrechts bei den Kommunalwahlen in ein anderes Licht zu rücken. Das Fehlen irgendwelcher nennenswerten Besitzprivilegien hat nicht verhindert, daß die besitzenden Klassen eine verhältnismäßig sehr zahlreiche Vertretung[1]

[1] In Stuttgart sind mehr als die Hälfte der Mitglieder jedes der beiden Kollegien Hausbesitzer.

sich errungen haben. Die Forderung eines dreijährigen Wohnsitzes in der Gemeinde als Bedingung für den Erwerb des Bürgerrechts bzw. des Wahlrechts hat sich als ein reichlich hinreichend wirksames Mittel erwiesen, um den Einfluß derjenigen Elemente auf die Gemeindeverwaltung zurückzudämmen, die mit den maßgebenden Verhältnissen noch nicht so vertraut sind, daß von ihnen eine dem wahren Wohl der Gemeinde entsprechende Mitarbeit erwartet werden könnte. Jedenfalls kann nicht zugegeben werden, daß diejenigen Bevölkerungsklassen, welche die Wirkungen einer minder sparsamen Wirtschaft weniger unmittelbar am eigenen Leib verspüren und daher leichter als andere geneigt sind, kostspielige Experimente zu machen, unter der Herrschaft des geltenden Wahlrechts einen nachteiligen Einfluß auszuüben und ihren einseitigen Interessen auf Kosten der Allgemeinheit Geltung zu verschaffen vermocht haben. Namentlich ist dies auf dem Gebiet der Steuerpolitik nicht der Fall. Es ist ja in dieser Beziehung den württembergischen Städten keine sehr große Bewegungsfreiheit gelassen, aber immerhin ist ihnen die Möglichkeit eröffnet, Lastenverschiebungen vorzunehmen; namentlich haben sie praktisch so gut wie freie Hand in der Erhebung oder Nichterhebung von Verbrauchsabgaben: von Bier, Fleisch und Gas (vom 1. April 1905 ab auch Elektrizität), sowie der Wohnsteuer. Letztere wird in allen Städten erhoben. Die einzige Stadt, in der keine Konsumsteuer erhoben wird, ist Heidenheim, wo seit 1881 kein Antrag auf Einführung mehr gestellt worden ist, und wo in der Gemeindevertretung die Anhänger der Deutschen Partei der Zahl nach jedenfalls vorherrschen. In Göppingen, wo früher eine Verbrauchssteuer auf Bier und Fleisch erhoben wurde, erfolgte im Jahre 1899 die Aufhebung der Fleischsteuer zwar nicht einstimmig, aber doch unter Zustimmung von Mitgliedern sämtlicher Parteien, und auch die Gegner der Abschaffung erklärten sich im Prinzip dafür und nur aus Gründen der augenblicklichen Finanzlage dagegen. In Heilbronn wurde im Jahre 1899 die Fleischsteuer aufgehoben, sie mußte aber im Jahre darauf wieder eingeführt werden. Auch in anderen Städten hat es an Versuchen nicht gefehlt, die betreffenden Steuern abzuschaffen, bzw. ihre Einführung zu vermeiden, aber sie sind an der Unmöglichkeit der Flüssigmachung anderer Geldmittel gescheitert und nur hieran, nicht etwa an einer grundsätzlichen Billigung dieser Steuerart seitens der Mehrheit der Gemeindevertretungen.

Ist so eine erfolgreiche, ungesunde Beeinflussung der Gemeindesteuerpolitik für die einseitigen Interessen der unbemittelteren Klassen durch deren spezielle Vertreter nicht nachweisbar, so erhebt sich die Frage, ob eine solche vielleicht seitens und zugunsten anderer sozialer Klassen stattfindet. Eine solche Beeinflussung könnte darin bestehen, daß entweder eine unbegründete, die vorherrschende Klasse bevorzugende Lastenverteilung vorgenommen, oder daß eine ungerechtfertigte Sparsamkeit geübt würde, oder endlich, daß die Tendenz bestünde, Maßregeln und Einrichtungen zu treffen, bzw. Ausgaben zu bewilligen, die nur den Bemittelteren, bzw. einzelnen Klassen derselben, zugute kommen.

Die erstere Annahmemöglichkeit ist bereits erörtert. Wohnsteuer und Verbrauchssteuern werden, wo sie eingeführt sind, nicht aus Prinzip, sondern nur in Ermanglung eines Besseren beibehalten. Stuttgart hat in der Hoffnung auf Ersatz des Ausfalls durch die Ergebnisse des am 1. April 1905 in Kraft tretenden Gemeindesteuergesetzes bereits die Abschaffung der Fleischsteuer auf diesen Termin beschlossen; die anderen Städte verhalten sich noch zuwartend, werden aber, wie aus den jüngsten Besprechungen der Frage in den Gemeindekollegien hervorgeht, jedenfalls in ihrer Mehrzahl ebenfalls an die Beseitigung herantreten, sobald sich die Wirkung der neuen Gesetzgebung sicher überblicken und als günstig erkennen läßt. Bemerkenswert ist auch, daß die Volksschulgelder überall, außer in Tübingen[1] und Schwenningen, abgeschafft sind; bei Schwenningen ist zu berücksichtigen, daß die Steuerlast außerordentlich hoch ist.

Für die letzterwähnte Eventualität bietet die Durchsicht der städtischen Vorschriften und Etats lediglich keine Handhabe, wenn man nicht etwa, wie dies ab und zu geschieht, den Aufwand für die höheren Schulen hierher rechnen will, was natürlich nicht zulässig ist.

Eine genaue Prüfung der Frage, ob eine unverhältnismäßige, auf Kosten der Erfüllung sozialer Verpflichtungen der Städte gehende Niederhaltung der Gemeindeumlagen stattfindet, würde ein Eingehen auf die ganze kommunale Sozialpolitik erfordern, wozu hier nicht der Ort ist. Es dürfte der allgemeine Hinweis auf die Besteuerungs-, Verschuldungs- und Vermögensverhältnisse der Städte genügen, die Feststellung, daß mit wenig Ausnahmen eine ziemlich starke, über den Landesdurchschnitt teilweise nicht unwesentlich hinausgehende Belastung der Grund-, Gebäude- und Gewerbesteuerkataster vorliegt. Am geringsten ist diese Belastung in Ulm, aber dies ist gerade diejenige Stadt, die eine besonders umfassende und erfolgreiche Tätigkeit auf dem Gebiete des Ausgleichs der sozialen Gegensätze aufzuweisen hat.

5. Rechtswirkungen der Wahl.

Dem Wahlrecht des Bürgers entspricht seine Pflicht zur Annahme einer auf ihn gefallenen rechtsgültigen Wahl zum Gemeinderat oder Bürger-

[1] Ein Antrag auf Abschaffung wurde noch nie gestellt.

ausschuß, aber nur dann, wenn er am Platze wohnt; die auswärtigen Wahlberechtigten haben eine solche Verpflichtung nicht. Ferner sind ihr kraft Gesetzes nicht unterworfen die Reichs- und Landtagsabgeordneten, die aktiven Reichs-, Staats- und Hofbeamten, die im Kirchen- und öffentlichen Schuldienst Angestellten, die aktiven Militärpersonen und Militärbeamten sowie endlich die Angehörigen des Landjägerkorps und der Forst- und Steuerwache. Bedingt berechtigt zur Ablehnung der Wahl sind:

1. Mitglieder des Gemeinderats oder Bürgerausschusses;
2. frühere Mitglieder dieser Kollegien, und zwar von der Beendigung ihrer Mitgliedschaft an gerechnet so lange, als letztere gedauert hat;
3. Personen, die zur Ausübung der ihnen durch die Wahl übertragenen Funktionen nachweisbar körperlich unfähig sind;
4. über 60 Jahre alte und
5. solche Personen, mit deren ökonomischem Fortkommen oder Beruf die Mitgliedschaft in den Gemeindekollegien unvereinbar ist (z. B. Arbeiter).

Der Befreiungsanspruch dieser Personen ist bedingt durch eine formelle Anerkennung seitens des Gemeinderats, im letzterwähnten Fall auch des Bürgerausschusses; gegen die Entscheidung ist Beschwerde an die staatlichen Aufsichtsbehörden zulässig.

Wer, ohne hiernach berechtigt zu sein, sich weigert, die Wahl anzunehmen, kann dazu gezwungen werden durch vom Ortsvorsteher zu verhängende Ungehorsamsstrafen (Geldstrafen bis zu 36 Mk. oder Haft bis zu sechs Tagen). Fruchten auch wiederholte Bestrafungen nichts, so kann der Betreffende vom Gemeinderat, sofern es sich um eine Wahl zum Bürgerausschuß handelt, nach vorheriger Rücksprache mit letzterem, auf den Zeitraum, für den er gewählt worden war, seines aktiven und passiven Gemeindewahlrechts für verlustig erklärt werden. Gegen diese Verfügung ist Beschwerde an die Staatsaufsichtsbehörden zulässig.

6. Rechtsverhältnisse der Mitglieder der Gemeindekollegien.

Die Mitglieder der bürgerlichen Kollegien, die bei ihrem Amtsantritt vom Ortsvorsteher beeidigt werden, sind verpflichtet, ihre Amtsobliegenheiten gewissenhaft zu erfüllen, also namentlich zu den Sitzungen zu erscheinen, ihnen übertragene Referate zu übernehmen, etwa auf sie fallende Wahlen in die für einzelne Geschäftszweige niedergesetzten Kommissionen und Abteilungen anzunehmen und sich überhaupt „durch ihr Verhalten in oder außer dem Amt der Achtung, die ihr Beruf erfordert, würdig zu zeigen". Die unentschuldigte und unentschuldbare absichtliche dauernde Untätigkeit eines

Kollegialmitgliedes hat dieselben Folgen wie die grundlose Verweigerung der Annahme der Wahl, nur daß Haftstrafe in diesem Falle nicht verhängt werden kann, und daß außer dem Verlust der Wahl und Wählbarkeitsrechte derjenige des mangelhaft versehen Amts ausgesprochen wird. Es ist dies der einzige Fall, in dem die Gemeindekollegien selbst gegen eines ihrer Mitglieder unmittelbar einschreiten können. Überall sonst, wo ein Kollegialmitglied sich einer Verletzung seiner Dienstpflicht schuldig macht, ist nicht das betreffende Kollegium selbst zur Verhängung einer Disziplinarmaßregel zuständig. Das Gesetz geht von dem Grundsatz aus, daß die Kollegialmitglieder nicht so sehr Mitglieder einer Art von parlamentarischer Körperschaft, sondern Inhaber eines Gemeindeamts sind, und es legt daher die Handhabung der Disziplin über sie bei leichteren Verfehlungen in erster Instanz in die Hand des höchsten Gemeindebeamten, des Ortsvorstehers, in den obersten Instanzen in diejenige der staatlichen Gemeindeaufsichtsbehörden, bei schweren Vergehen in diejenige eines Disziplinarhofes für Körperschaftsbeamte, welch letzterer allein zuständig ist, die Dienstentlassung auszusprechen. Der Disziplinarhof besteht aus einem höheren Staatsbeamten als Vorsitzendem, zwei Mitgliedern des Oberlandesgerichts, zwei höheren Beamten des Departements des Innern und zwei auf Lebenszeit angestellten Körperschaftsbeamten.

Eine zusammenhängende detaillierte Normierung der Rechtsverhältnisse der Mitglieder der Gemeindekollegien ist weder im Verwaltungsedikt noch in den Novellen dazu enthalten. Von den maßgebenden da und dort zerstreuten Vorschriften sind besonders die folgenden erwähnenswert.

Den Mitgliedern der Gemeindekollegien ist verboten, in Parteisachen Geschenke anzunehmen. Ferner ist ihnen untersagt, an Verkaufs-, Verpachtungs- und ähnlichen Verhandlungen, die ihrer Leitung oder Aufsicht unterstellt sind, als Partei teilzunehmen. In Angelegenheiten, welche ein Mitglied oder dessen Verwandte oder Schwäger bis zum zweiten Grad einschließlich persönlich berühren, darf das betreffende Mitglied der Kollegien an der Beratung nicht teilnehmen. So dürfen z. B. Aktionäre, Vorstands- und Aufsichtsratsmitglieder von Gas-, Elektrizitäts-, Straßenbahngesellschaften, die Mitglieder der bürgerlichen Kollegien sind, bei Beratungen über Verträge zwischen der Gemeinde und der Gesellschaft, Inhaber von Stadtobligationen bei Beschlüssen über Konvertierung usw. nicht mitwirken. Dagegen besteht keine Vorschrift, die den Mitgliedern verbietet, sich als Gewerbetreibende an Arbeiten und Lieferungen für die Gemeinde zu beteiligen. Auch der Gemeindeordnungsentwurf enthält hierüber nichts. Der Grund hiervon ist darin zu erblicken, daß ein solches Verbot faktisch dem Ausschluß weiter

Kreise des Mittelstands von der aktiven Teilnahme an der Gemeindeverwaltung gleichkäme; insbesondere ist wohl die Befürchtung nicht ganz ungerechtfertigt, daß Bauhandwerker und Bauunternehmer, deren Mitgliedschaft in den bürgerlichen Kollegien, wie schon bemerkt, durchaus wünschenswert ist, dadurch abgehalten würden, bei den Gemeindewahlen zu kandidieren. Es bestehen ja allerdings Vorschriften für die Erzwingung der Annahme einer Wahl, aber erfahrungsgemäß werden solche, von denen zum voraus bekannt ist, daß sie nicht gewählt werden wollen, gar nicht als Kandidaten aufgestellt.

Anderseits ist nicht zu verkennen, daß das Verbot der Teilnahme an der Beschlußfassung über die betreffende Angelegenheit nicht genügt, um Mißstände abzustellen. Einmal wird das Gefühl der Kollegialität leicht dazu führen, in Grenzfällen wenigstens, dem Kollegialmitglied den Zuschlag zu erteilen, und selbst wenn bei Vergebung der Arbeiten und Lieferungen sachgemäß und unparteiisch verfahren wird, ist doch dem Mißtrauen Tür und Tor geöffnet, wenn der Zuschlag an ein Mitglied der Behörde erfolgt, der die Entscheidung zusteht.

Mehr noch als diese Begleiterscheinung aber ist ein anderer Umstand bedenklich. Die Mitglieder der Gemeindekollegien, in erster Linie die des Gemeinderats, aber auch die des Bürgerausschusses, stehen normalerweise in keinen unmittelbaren Beziehungen zu den Gemeindebeamten; aber doch ist ihr gegenseitiges Verhältnis derart, daß es letzteren nicht gleichgültig sein kann, ob viele oder wenige Reibungspunkte vorhanden sind. Dies verleitet manche minder einwandfreie Kollegialmitglieder, eine Art von Über- und Unterordnungsverhältnis zwischen ihnen und den Gemeindebeamten als gegeben anzunehmen. Ist nun ein solches Kollegialmitglied bei einer Arbeit oder Lieferung für die Stadt beteiligt, so ist es häufig nicht in der Lage, eine Doppelstellung richtig zu erfassen, und infolgedessen geneigt, dem städtischen Beamten, der ihn in seiner Eigenschaft als Unternehmer zu beaufsichtigen hat, nicht als Unternehmer, sondern als Vorgesetzter gegenüberzutreten. Solche Fälle kommen vor, und schon manchen städtischen Beamten, namentlich technischen und gerade den tüchtigsten, die für ein solches Verhältnis das richtige Verständnis haben, ist ihr Dienst hierdurch verleidet worden. Diese Nachteile sind derart, daß es zum mindesten sehr erwägenswert ist, ob nicht etwa durch eine bestimmte Art der Regelung des Submissionswesens die Bedenken gegen das Verbot beseitigt werden können.

Die Mitgliedschaft in den Gemeindekollegien erlischt

1. mit Ablauf der Zeit, auf welche das betreffende Mitglied gewählt wurde;

2. infolge Amtsniederlegung, die einzutreten hat, wenn der Betreffende die Wählbarkeit verliert, oder wenn einer derjenigen Umstände bei ihm eintritt, infolge deren das Wahlrecht zeitweise ausgeschlossen ist, oder wenn er durch geistige oder körperliche Gebrechen wenigstens ein Jahr lang von der Versehung seines Dienstes abgehalten worden ist. Über die Notwendigkeit der Niederlegung entscheidet der Gemeinderat. Das Oberamt kann übrigens die Niederlegung auch von Amts wegen anordnen;

3. infolge freiwilligen Rücktritts, der verlangt werden kann aus den Gründen, aus denen die Wahl ablehnbar ist, und der, wenn sonstige dringende Gründe vorliegen, auf Ansuchen von beiden Gemeindekollegien gewährt werden kann;

4. infolge Dienstentlassung auf Grund eines Urteils des Disziplinargerichtshofs für Körperschaftsbeamte. Die Einleitung des förmlichen auf Dienstentlassung abzielenden Verfahrens erfolgt durch die Kreisregierung auf Antrag des Gemeinderats oder von Dienstaufsichts wegen.

IX. Der Gemeinderat.

Vorstand der Gemeinde und ihr eigentliches Verwaltungsorgan ist der Gemeinderat. Es liegt ihm nach dem Gesetz ob, „die Rechte der Gemeinde vor den Staatsbehörden zu vertreten, gegen Mißbräuche im Innern und gegen Eingriffe von außen zu wahren, im Namen der Gemeinde zu beraten, zu beschließen, zu sprechen und zu handeln". Er ist ein Kollegium, dessen Mitglieder im Wege direkter Wahl (s. o.), und zwar, vom Vorsitzenden abgesehen, auf die Dauer von 6 Jahren gewählt werden.

Ganz speziell mit Rücksicht auf Stuttgart wurde durch die Verwaltungsnovelle von 1891 für die Städte über 10 000 Einwohner die Möglichkeit der Anstellung besoldeter Gemeinderäte geschaffen, aber nicht etwa mit der Begründung, daß dem Gemeinderat neue, besonders qualifizierte Kräfte zugeführt werden sollen, sondern daß ein dringendes Bedürfnis dafür und nur dafür bestehe, den durch das Wachstum der Bevölkerung und die hierdurch verursachte Geschäftsvermehrung überlasteten Ortsvorsteher zu entlasten und ihm Beamte zur Seite zu stellen, die in der Lage wären, an seiner Stelle die ihnen im einzelnen Fall oder auf Grund feststehender Vorschrift (Ortsstatut) zugewiesenen Geschäfte zu erledigen und den Vorsitz in einzelnen Gemeinderatsabteilungen und Kommissionen zu übernehmen. Es verlieh denn auch nur aus sekundären Zweckmäßigkeitsgründen diesen Hilfsbeamten des Ortsvorstehers Sitz und Stimme im Gemeinderat. Die Entwicklung der Dinge hat aber diese gesetzgeberischen Motive überholt. Die allgemeine Zunahme der Verwaltungsgeschäfte macht sich nicht nur beim Ortsvorsteher fühlbar, sondern namentlich auch beim Gemeinderat. Die Gemeindevertretung der Hauptstadt befaßt sich ganz augenscheinlich heute intensiver als früher mit den Geschäften, begnügt sich seltener als es früher der Fall war damit, das ihnen vom Ortsvorsteher und den anderen Gemeindebeamten Vorgetragene gutzuheißen, sondern bemüht sich in steigendem Maße, ihren Beschlüssen ihren Charakter aufzuprägen. Hiedurch aber hat sich zu der früher konstatierten Überlastung des Ortsvorstehers diejenige des Gemeinderats gesellt. Die Inanspruchnahme der Gemeinderatsmitglieder Stuttgarts geht weit über das Maß dessen hinaus, was von einem Ehrenbeamten billigerweise erwartet werden kann. Ende der 90er Jahre wurde ermittelt, daß einzelne Gemeinderäte als solche bis zu 1988, einer sogar 2814 Stunden im Jahre beschäftigt gewesen waren. Der Zustand wäre nun zweifellos noch unhaltbarer ohne die Mitarbeit der besoldeten Gemeinderäte. Sie sind nicht nur „potenzierte", d. h. mit Sitz und Stimme im Gemeinderat ausgestattete Beamte, Hilfsbeamte des Ortsvorstehers, sondern auch potenzierte, d. h. mit besonderer Sachkenntnis und erweiterten Vollmachten ausgestattete wirkliche Gemeinderatsmitglieder mit der Aufgabe, den ehrenamtlichen Mitgliedern ihre Geschäftslast und durch ihre Mitverantwortlichkeit für die Beschlußfassung sowie durch die Vertrauenswürdigkeit, die ihnen ihre Vorbildung und ihre eingehende berufsmäßige Beschäftigung mit der Gemeindeverwaltung zu verleihen geeignet ist, die Abstimmung in schwierigen Fragen zu erleichtern.

Durch die Anstellung der besoldeten Gemeinderäte darf die Zahl der unbesoldeten Gemeinderatsmitglieder nicht verringert werden; es kann also hierdurch das für die Mitgliederzahl vorgeschriebene gesetzliche Maximum von 24 überschritten werden, was in Stuttgart auch geschehen ist. Die besoldeten Gemeinderäte werden nach dem Gesetz von den zu einem Wahlkörper vereinigten Gemeindekollegien auf mindestens 6 Jahre oder auf Lebenszeit gewählt; in Stuttgart beträgt die Anstellungsdauer 6 Jahre. Eine staatliche Bestätigung der Wahl findet nicht statt. Das Gesetz schrieb indirekte Wahl vor, da es davon ausging, daß die besoldeten Gemeinderäte eben Gemeindebeamte seien, die ja (mit Ausnahme des Ortsvorstandes) sämtlich vom Gemeinderat gewählt werden, und daß hierdurch eine bessere Gewähr für eine richtige Auswahl gegeben sei. Im Hinblick auf die Mitgliedschaft der zu Wählenden im Gemeinderat wurde jedoch die Mitwirkung des Bürgerausschusses vorgeschrieben. Wählbar sind nur solche Männer, die die zweite höhere Dienstprüfung im Departement der Justiz, des Innern oder der Finanzen bestanden haben und im übrigen die zur Wählbarkeit für das

Amt des Ortsvorstehers erforderlichen Eigenschaften haben (s. u.). Die Wahl von Ärzten und Technikern ist also ausgeschlossen. Von den beiden Stuttgarter besoldeten Gemeinderäten hat einer die Befähigung zum Richteramt, der andere zum höheren Finanzdienst. Sie führen nach dem Ortsstatut den Vorsitz je in einer Reihe von Abteilungen und Kommissionen. Von den 14 Abteilungen des Gemeinderats haben je 3 den Stadtvorstand und den ersten, 6 den zweiten besoldeten Gemeinderat als Vorstand. Sie erledigen ferner die in den Abteilungen anfallenden Geschäfte in eigener Verantwortlichkeit; außerdem haben sie die ihnen vom Gemeinderat und Stadtvorstand übertragenen Gutachten und Berichte auch aus solchen Geschäftskreisen zu übernehmen, die ihnen nicht zu selbständiger Bearbeitung zugewiesen sind. Soweit nicht der Stadtvorstand für sie eintritt, sind sie gegenseitig vertretungsberechtigt und -verpflichtet, auch kommt ihnen die Stellvertretung des Ortsvorstehers zu. Die bei der Beratung des Gesetzes von 1891 geäußerte Befürchtung, daß das Institut der besoldeten Gemeinderäte eine Erschütterung der Stellung des Ortsvorstehers zur Folge haben und daß eine Rivalität zwischen ersteren und letzterem entstehen möchte, hat sich nicht verwirklicht. Wohl aber wird geklagt, daß der große Einfluß der besoldeten Gemeinderäte auf Kosten der gewählten Mitglieder erworben sei und daß durch sie das bureaukratische Element in der Gemeindeverwaltung eine gewaltige Stärkung erfahren habe, die Bedeutung des allgemeinen Wahlrechts abgeschwächt worden sei. Diesen Klagen ist eine gewisse Berechtigung nicht abzustreiten, aber die besoldeten Gemeinderäte sind für Stuttgart einfach unentbehrlich und die Stadt ist gegenwärtig im Begriff, ihre Zahl durch einen zu vermehren.

Außerhalb Stuttgarts wurde noch nirgends von der gesetzlichen Ermächtigung Gebrauch gemacht. In Heilbronn hat der Stadtvorstand im Jahre 1902/03 einen dahingehenden Antrag gestellt, aber als aussichtslos alsbald wieder zurückgezogen.

Von den gewählten Mitgliedern scheidet alle zwei Jahre ein Drittel aus und wird durch eine neue Wahl ersetzt, wobei die Ausscheidenden wiedergewählt werden können. Die Wiederwahl ist fast überall die Regel, die Gemeinderäte bekleiden ihr Amt zum großen Teil sehr lange, zuweilen Jahrzehnte hindurch; erst in neuerer Zeit hat in einigen Städten ein rascherer Mitgliederwechsel Platz gegriffen. In Tübingen gehen die maßgebenden Parteien sogar so weit, daß sie ein ausscheidendes Mitglied grundsätzlich nicht sofort wiederwählen. Aber diese Praxis ist durchaus vereinzelt. Die Befürchtung liegt ja nahe, daß ein zu seltener Wechsel eine gewisse Bureaukratisierung des Kollegiums zur Folge haben und die Initiative ertöten möchte, die von einem solchen Organ erwartet werden muß. Aber es scheint, daß die

Möglichkeit, nicht wiedergewählt zu werden, für viele Gemeinderatsmitglieder einen hinreichenden Anreiz zur Tätigkeit schafft. Außerdem stehen doch weitaus die meisten derselben, da ihr eigentlicher Beruf außerhalb des Gemeindedienstes liegt, in zu engem Zusammenhang mit dem praktischen Leben, als daß sie, wenn sie eine solche überhaupt je besessen haben, so leicht die Fähigkeit verlieren könnten, dessen Anschauungen im Kollegium zur Geltung zu bringen. Und schließlich fehlt ja doch der Wechsel nicht ganz. Nirgends wird, soweit es sich übersehen läßt, der bestehende Zustand als Nachteil empfunden, im Gegenteil. Es zeigt sich, daß die Geschäftskenntnis, welche die langdauernde Zugehörigkeit zum Gemeinderat manchem Mitglied gewährt, dem Gemeinwesen in hohem Maße zugute kommt. In Stuttgart ist der Wechsel etwas häufiger als in der Mehrzahl der anderen Städte. Von den 24 gewählten Gemeinderäten haben nur 6 schon in der letztvorangehenden, nur 2 schon in der zweitvorangehenden Wahlperiode dem Kollegium angehört. Bei der letzten Gemeinderatswahl (1903) wurden übrigens bei 9 Gewählten 4 frühere Gemeinderäte wiedergewählt.

In den Mittelstädten ergänzt sich der Gemeinderat regelmäßig aus dem Bürgerausschuß, die Tätigkeit daselbst bildet gewissermaßen eine Probedienstleistung, die Vorschule für den Gemeinderat. In Stuttgart sind immerhin 5 Gemeinderäte ehemalige Bürgerausschußmitglieder.

Solchergestalt sind die Wirkungen der *direkten* Wahl des Gemeindevorstands. Die Wählerschaft ist im allgemeinen vorsichtig und bestellt in der Regel nur solche, die schon einen gewissen Einblick in die Verwaltung bekommen und ihr Interesse daran betätigt haben.

Wird eine Stelle im Gemeinderat vor Eintritt des ordentlichen Wahltags erledigt, so wird sie erst an diesem Zeitpunkt wieder besetzt, falls die Gemeindekollegien nicht eine frühere Wiederbesetzung für nötig erachten. Eine solche muß erfolgen, wenn die Zahl der Gemeinderatsmitglieder einschließlich des Vorsitzenden unter die Hälfte der Normalzahl sinkt.

Vom Eintritt in den Gemeinderat ist ausgeschlossen, wer mit dem Vorstand oder einem anderen Mitglied des Gemeinderats im ersten oder zweiten Grad verwandt oder verschwägert ist.

Der Gemeinderat kann sich nur auf Berufen des Vorsitzenden versammeln, und zwar ist letzterem hierin freie Hand gelassen; eine Vorschrift, wonach die Einberufung von einer gewissen Anzahl von Gemeinderatsmitgliedern verlangt werden könnte, besteht nicht. (Der Entwurf sieht eine solche vor.) Fast überall jedoch sind ein für allemal bestimmte Tage als Sitzungstage bestimmt, ohne daß übrigens darum die Einladung der Mitglieder wegfiele, nur in Heilbronn ist sie durch Ortsstatut abgeschafft.

Der Gemeinderat kann nur in der Sitzung beraten und beschließen. Zum Zustandekommen eines Beschlusses ist die Anwesenheit von mehr als der Hälfte der normalen Mitgliederzahl erforderlich. Der Vorsitzende hat nur im Falle der Stimmengleichheit ein Stimmrecht. Die Abstimmung erfolgt mündlich, soweit nicht für einzelne Fälle geheime Abstimmung beschlossen wird. Für die Wahlen ist letztere vorgeschrieben. Die Verhandlungen des Gemeinderats in Gemeindeangelegenheiten sind öffentlich, soweit nicht die Öffentlichkeit für den Staat, die Gemeinden oder Einzelne nachteilig sein könnte. Bei Beratung von Personalsachen wird die Öffentlichkeit überall ausgeschlossen. Das wichtigste Mittel zur Verwirklichung des Öffentlichkeitsprinzips ist auch bei den Gemeinderatsverhandlungen die Presse, doch wird sie in verschiedenen Städten ihrer Aufgabe nur in sehr unvollkommener Weise gerecht (s. o.).

Der Gemeinderat verwaltet das Gemeindevermögen in vollem Umfang; keine Zahlung kann ohne besondere Anweisung bzw. Genehmigung durch ihn erfolgen. Es wäre nun natürlich mit ganz unverhältnismäßigen Umständlichkeiten verknüpft, wenn jeder Kostenzettel vom Plenum „dekretiert" werden müßte. Schon das Gesetz von 1849 bestimmte daher, daß hierfür, sowie für andere Geschäftszweige, bei denen es überflüssig erscheint, den ganzen Apparat in Bewegung zu setzen, Abteilungen gebildet werden können, die aus mindestens 5 Mitgliedern bestehen und die ihnen zustehenden Geschäfte an Stelle des Gemeinderats erledigen können. So ist überall die Besorgung der der Gemeinde durch das Ausführungsgesetz zur Z.P.O. übertragenen streitigen Gerichtsbarkeit einer besonderen Abteilung, dem Gemeindegericht überwiesen. Auch die Erledigung von baupolizeilichen Gegenständen, Ausstellung von Leumunds-, Vermögens- usw. Zeugnissen, die Schätzung von Grundstücken, die der Gemeinderat in Grundbuchsachen, in Fällen der Zwangsvollstreckung in Grundstücke, sowie in Nachlaß- und Teilungssachen auf Antrag von Beteiligten oder auf Ersuchen von Behörden vorzunehmen hat, und die Ausübung der Funktionen des Gemeindewaisenrats erfolgt fastüberall durch eine oder verschiedene Abteilungen. Die gemeinderätlichen Beschlüsse über die Bildung, den Geschäftskreis und die Zusammensetzung der Abteilungen bedürfen der Zustimmung des Bürgerausschusses und ministerieller Genehmigung.

Neben den Abteilungen bestehen allerorts eine Reihe von ständigen und für einzelne Fälle eingesetzten Kommissionen mit der Aufgabe, die Beschlüsse des Gemeinderats vorzubereiten.

In seinem Art. 15 bestimmte das Gesetz von 1849, dem ehrenamtlichen Charakter der Gemeinderatsmitgliedschaft entsprechend, daß die Gemeinderäte keinen Gehalt haben sollen. Doch ließ es den Bezug von gesetzlich und rechtmäßig hergebrachten Gebühren für einzelne Verrichtungen zu.

Diese namentlich aus Unterpfandssachen fließenden Gebühren waren nicht unbeträchtlich und bedeuteten so annähernd ein Äquivalent für die sich stets steigernde Inanspruchnahme für den Gemeindedienst. Mit Inkrafttreten des Bürgerlichen Gesetzbuchs aber fielen die aus der Besorgung der Geschäfte der freiwilligen Gerichtsbarkeit fließenden Gebühren weg. Dies hatte die Wirkung, daß in den größeren Städten die Teilnahme der Gemeinderäte an den Sitzungen in einer ganz bedenklichen Weise nachließ, daß es häufig schwer hielt, die zur Beschlußfähigkeit erforderliche Mitgliederzahl zusammenzubringen und zusammenzuhalten, daß zu befürchten stand, die Mitgliedschaft im Gemeinderat werde sich auf die gesetzliche Minimaldauer beschränken, langjährige verdiente Mitglieder werden die Wiederwahl ablehnen, daß die Mitgliedschaft ein Privileg der Wohlhabenderen zu werden drohte. Die Vorsitzenden waren gegen den Absentismus machtlos, da sie selbst anerkennen mußten, daß die Inanspruchnahme der Mitglieder über das Maß dessen hinausgehe, was dem Inhaber eines unbesoldeten Ehrenamts zugemutet werden konnte. Um diesem vorhandenen bzw. drohenden Übelstand abzuhelfen, wurde, nachdem schon ausgangs 1899 die Vorstände von 11 Städten eine entsprechende Petition eingereicht hatten, von der Kammer der Abgeordneten im Juli 1901 ein Initiativgesetzentwurf eingebracht. Die I. Kammer ging ohne Debatte zur Tagesordnung über sie über, die II. übergab sie der Regierung zur Berücksichtigung, und im gleichen Jahre noch kam das Gesetz zustande, durch das die Gemeinden ermächtigt wurden, ortsstatutarische Bestimmungen über die Gewährung von Taggeldern bis zu 10 Mk. zu erlassen. Von dieser Ermächtigung haben bis Ende 1902 Gebrauch gemacht Ulm, Eßlingen, Cannstatt (je 10 Mk.), Ludwigsburg und Göppingen (je 8 Mk.), Gmünd, Tuttlingen und Heidenheim (je 6 Mk.).

Außer diesem Taggeld beziehen die Gemeinderäte für die Mitwirkung bei einzelnen Geschäften sowie bei auswärtiger Dienstleistung besondere Gebühren und Entschädigungen.

X. Der Ortsvorsteher und die sonstigen Gemeindebeamten.

Vorsitzender des Gemeinderats ist der Ortsvorsteher, der „Stadtschultheiß“, der in den meisten der Städte kraft spezieller königlicher Verleihung den Titel Oberbürgermeister führt. Er wird von der Bürgerschaft auf Lebenszeit gewählt. Diese einzig dastehende Vorschrift der Bestellung auf Lebenszeit hat im Laufe der Zeit schon viele Anfechtungen erfahren, zum ersten Male im

Jahre 1849 anläßlich der Abschaffung der Lebenslänglichkeit der Gemeinderäte. Aber der Führer der Opposition selbst grub damals der Forderung das Grab, indem er sich zu der Anschauung bekannte, daß, solange nicht eine durchgreifende Revision aller auf den Ortsvorsteher bezüglichen Bestimmungen vorgenommen sei, die Frage als nicht spruchreif anerkannt werden müsse. Im Jahre 1864 wurde über einen gleichen Antrag auf Beseitigung der Lebenslänglichkeit der Ortsvorsteher auf einen Bericht Schäffles hin mit überwältigender Mehrheit zur Tagesordnung übergegangen. Eine weitere Ablehnung brachte das Jahr 1868. Auch im Jahre 1891 noch fand der Grundsatz der Lebenslänglichkeit eine stattliche Mehrheit. Aber schon vier Jahre später stimmten in der zweiten Kammer von 71 Abgeordneten nur 8 für die Beibehaltung der Lebenslänglichkeit und gegen den Regierungsentwurf, und auch die erste Kammer sprach sich für die Entbehrlichkeit der seitherigen Bestimmung aus [1].

Als Hauptgrund für die Notwendigkeit der Lebenslänglichkeit wurde stets angeführt die einzigartig große „Summe der Rechtsattribute, Gerechtsame und Befugnisse, welche unseren Gemeinden und ihren Organen, den Ortsvorstehern", zustehen. Dieser Grund ist seit 1. Januar 1900 wenigstens zu einem Teil gefallen: die Ortsvorsteher sind wesentlich entlastet worden dadurch, daß den Gemeinden die Geschäfte der freiwilligen Gerichtsbarkeit abgenommen wurden. Der Entwurf der Gemeindeordnung wirft deshalb diese württembergische Eigentümlichkeit ohne viel Worte über Bord, und das von Rechts wegen. Das seitherige Recht hat zwar zu verhältnismäßig wenigen Auswüchsen geführt, und es ist nicht ganz sicher, ob in Zukunft bei periodischer Wahl ebenso viele Festigkeit, wie sie die Unabhängigkeit der Stellung gewährte, beim Haupt der Gemeinde zu finden sein wird wie seither, ob sich ebenso viele sachkundige, wirklich befähigte Männer wie seither dem Ortsvorsteherberuf zuwenden werden. Aber der Blick auf andere Staaten, wo die periodische Wahl seit langem besteht, ohne daß an eine Änderung auch nur gedacht wird, ist wohl geeignet, solche Bedenken zu zerstreuen. Jedenfalls erscheinen sie gering, wenn man bedenkt, daß eine stets über den Städten schwebende Gefahr, unter Umständen auf lange Jahre dazu verurteilt zu sein, ihr wichtigstes Amt in den Händen eines an Geist oder Charakter oder an beiden defekten Menschen zu sehen und darunter zu leiden, durch die periodische Wahl beseitigt wird. Man verweise nicht darauf, daß auch der Staatsbeamte auf Lebenszeit angestellt ist. Einmal gibt es wenige Staatsämter, die an Bedeutung dem Amt des Vorstehers einer größeren

[1] Ein Gesetz kam damals aus besonderen Gründen nicht zustande.

Stadt gleichkomme. Zum anderen ist beim Staatsdienst, wo der Beamte auf Grund immer neuer Befähigungsnachweise allmählich zu verantwortungsvolleren, wichtigeren Posten aufrückt, die Wahrscheinlichkeit, daß ein Unfähiger oder Unwürdiger in ein Amt gelangt, wo er wirklich Unheil stiften kann, weit geringer als beim Amt des Ortsvorstehers, wo die allgemeine Wahl die wunderlichsten Ergebnisse zeitigen kann. Zudem gibt es im Staatsdienst Gelegenheit genug, ein Amt von einem ungeeigneten Inhaber zu befreien, den Inhaber unschädlich zu machen. Der Ortsvorsteher dagegen ist nach jetzigem Recht unverrückbar, er ist tatsächlich der unabhängigste Beamte im Staat.

Die Bestimmungen über das aktive Wahlrecht und das Verfahren bei der Ortsvorsteherwahl sind dieselben wie für die Wahlen zu den Gemeindekollegien, nur daß die Wahl von einem staatlichen Beamten, dem Oberamtmann, bzw. in Stuttgart dem Stadtdirektor, anberaumt wird und unter seiner Leitung vor sich geht. Wählbar ist jeder Deutsche, der das 25. Lebensjahr zurückgelegt hat, sofern er überhaupt die Fähigkeit zur Bekleidung öffentlicher Ämter besitzt (§ 31 Str.G.B.), und sofern keine der Voraussetzungen bei ihm zutrifft, die das Ruhen des gemeindebürgerlichen Wahlrechts begründen (siehe oben S. 54 f.). Der Nachweis einer bestimmten Bildungslaufbahn ist gesetzlich nicht vorgeschrieben; tatsächlich aber verlangen neuerdings die Städte allgemein akademische Bildung von dem zu Wählenden. Von den Vorständen der 14 Städte haben 8, darunter diejenigen der zwei größten Mittelstädte, die Befähigung zum höheren Verwaltungsdienst, 3 (darunter Stuttgart) zum Richteramt, einer zum niederen Verwaltungsdienst; einer ist aus der Laufbahn der niederen Techniker hervorgegangen (Gmünd), einer war Lehrer (Schwenningen). Als gewählt gilt, wer verhältnismäßig die meisten der gültig abgegebenen Stimmen erhalten hat.

Die Wahl bedarf der Bestätigung durch den König, welche ohne Angabe von Gründen versagt werden kann. Hat der Gewählte jedoch mehr als zwei Drittel aller abgegebenen Stimmen auf sich vereinigt, so darf die Bestätigung nur dann versagt werden, wenn sich der Disziplinarhof für Körperschaftsbeamte dahin ausgesprochen hat, daß der Gewählte zur Bekleidung des Amts untauglich ist. Dieses Bestätigungsrecht eröffnet natürlich der Regierung die Möglichkeit, sich durch Fernhaltung von ihr aus irgendwelchen, z. B. politischen Gründen, mißliebigen Persönlichkeiten einen gewissen Einfluß auf die Gemeindeverwaltung zu sichern; aber es wurde von diesem Recht stets ein sehr maßvoller Gebrauch gemacht. Eine Nichtbestätigung aus politischen Gründen ist seit langen Jahren nicht mehr vorgekommen und wird nach den Versicherungen des Ministers des Innern bei der Beratung des Gemeindeordnungsentwurfs auch in Zukunft nur gegenüber von Sozialdemokraten, die ihre Gesinnung in besonders radikaler Weise zum Ausdruck bringen, Platz greifen. Dieses Bestätigungsrecht ist, wie angedeutet, auch im Entwurf festgehalten, und die Regierung kann sich nicht dazu verstehen — mit Recht wohl —, darauf zu verzichten, da der Ortsvorsteher nicht nur Vorsitzender des Gemeinderats bzw. Gemeindebeamter ist, sondern auch eine Reihe staatlicher Funktionen zu erfüllen hat.

Im Falle der Nichtbestätigung wird eine neue Wahl vorgenommen. Wird die Bestätigung hierauf abermals versagt, so ist die Regierung befugt, die erledigte Stelle nach Anhörung der Gemeindekollegien einstweilen durch einen von ihr zu bestellenden Amtsverweser verwalten zu lassen. In diesem Falle ist spätestens nach Ablauf eines Jahres eine neue Wahl anzuberaumen.

Die Stellung des Stadtvorstands ist äußerst vielseitig und einflußreich. Er führt den Vorsitz nicht nur im Plenum des Gemeinderats und in den gemeinschaftlichen Sitzungen beider Kollegien, sondern in den Mittelstädten auch in den meisten, wo nicht allen Abteilungen und Kommissionen, in welch letzteren ja naturgemäß die Hauptarbeit in den der Plenarberatung zu unterstellenden Angelegenheiten geleistet wird. Auch ist er fast überall regelmäßig Referent in allen Beratungsgegenständen; alle Vorlagen werden von ihm oder in seinem Auftrag von den seiner unmittelbaren Dienstaufsicht unterstellten Gemeindebeamten bearbeitet, und zwar nach seinen Intentionen, denn eine der seinigen konkurrierende unmittelbare Einwirkung anderer Kollegialmitglieder auf die Gemeindebeamten findet nirgends statt. Ist ihm schon hierdurch ein überragender Einfluß auf die Gemeindepolitik gesichert, so kommt noch dazu, daß es in keiner der Mittelstädte vorkommt, daß den einzelnen Kollegialmitgliedern, abgesehen vom Referenten, der aber ja, wie gesagt, fast stets der Stadtvorstand ist, die Akten zum Studium übergeben werden, daß also meist er allein eine wirklich gründliche Aktenkenntnis hat; denn ein umfangreiches Aktenmaterial auf Grund eines mündlichen Vortrags rasch aufzunehmen, namentlich wenn es sich um kompliziertere Angelegenheiten handelt, erfordert eine Schulung, wie sie gemeinhin unter den Mitgliedern der Gemeindekollegien nicht allzu häufig anzutreffen ist. So ist denn die Opposition gegen eine tüchtig und geschickt durchgearbeitete Vorlage von vornherein schwierig. Eine in Aussicht zu nehmende grundsätzliche Gegnerschaft wird in vielen Fällen — und es wird tatsächlich auch so gemacht — dadurch zu beugen oder abzuschwächen sein, daß die Wortführer auf Betreiben des Stadtvorstands, dem dies natürlich nicht schwer fallen kann, in die betreffende Kommission gewählt werden, wo die Macht der Gründe unmittelbarer und stärker in Wirksamkeit tritt als im Plenum. Die Kritik innerhalb der Gemeindevertretung ist in einer sehr viel ungünstigeren Stellung als in den Parlamenten, wo der Regierungsvorlage gegenüber die Volksvertretung Berichterstatter und Mitberichterstatter aufstellt, die von ihrem Standpunkt die Sache ebenfalls erschöpfend behandeln, während hier gewöhnlich der Urheber der Vorlage auch zugleich der Referent ist. Zu beachten ist auch, daß das Gemeinderatskollegium nicht zahlreich genug ist, als daß sich nicht ein sehr enges Verhältnis zwischen den einzelnen Mitgliedern und dem Vorstand herausbilden könnte, wenn letzterer wirklich seiner Aufgabe gewachsen ist, d. h. vor allem, wenn er einen richtigen Blick für die Bedürfnisse des Gemeinwesens besitzt, dem er vorsteht, und klug genug ist, diejenigen Zugeständnisse zu machen, die er unbeschadet seiner Ziele machen kann.

Ein solches Vertrauensverhältnis der Kollegien gegenüber dem Stadtvorstand ist denn auch gegenwärtig tatsächlich allerorts festzustellen, und die gegenseitigen Beziehungen lassen nirgends das geringste zu wünschen übrig. Der Stadtvorstand ist die eigentliche Seele der Verwaltung, und im großen Ganzen trägt sie das Gepräge seiner Persönlichkeit, wenn er auch im einzelnen zuweilen mit seiner Ansicht nicht durchdringt. Damit ist natürlich nicht gesagt, daß die Kollegien nur Dekoration sind. Einmal wirkt das Vorhandensein einer gewählten Gemeindevertretung allein schon in dem Sinne, daß von seiten des Ortsvorstehers alles möglichst gründlich behandelt wird; sodann wirkt das eben berührte nahe Verhältnis von Gemeindevorsteher und Gemeindevertretern gegenseitig nur befruchtend. Außerdem würde den Tatsachen Zwang angetan, wenn jenem alle Initiative zugeschrieben werden wollte. Aber festzuhalten ist, daß das eigentlich treibende und schaffende Element in der Gemeinde, von dessen Persönlichkeit das Blühen des Gemeinwesens ganz wesentlich bedingt ist, der Ortsvorsteher ist.

Im ganzen gelten diese Sätze auch für Stuttgart, wenn sich auch natürlich im einzelnen manche Abweichungen ergeben, in der Hauptsache infolge der Anwesenheit besoldeter Gemeinderäte. Der Stadtvorstand ist Vorsitzender nur in 3 von den 14 Abteilungen (siehe oben), und in den Abteilungen liegt noch mehr als anderswo der Schwerpunkt der gemeinderätlichen Tätigkeit, und zwar in solchem Maße, daß bei der Beratung des Entwurfs der Gemeindeordnung der mit den Verhältnissen genau vertraute ständische Berichterstatter aussprechen konnte, daß die nicht in den Abteilungen sitzenden Gemeinderäte totes Kapital und entweder das fünfte Rad am Wagen seien oder dadurch, daß ihnen der ganze Stoff wieder besonders vorgetragen werden müsse, die Arbeit erschweren und verlangsamen. Trotz der hieraus scheinbar folgernden wesentlichen Beeinträchtigung des Einflusses des Stadtvorstands auf die städtische Verwaltung ist in Stuttgart seine Stellung nicht weniger einflußreich als anderswo; einmal sind die Abteilungen, in denen er präsidiert, die weitaus wichtigsten; sodann sind die besoldeten Gemeinderäte, die in den übrigen wichtigeren Abteilungen den Vorsitz führen, nicht nur seiner allgemeinen Dienstaufsicht unterstellt, sondern sie sind wirkliche Hilfsarbeiter für ihn und stehen in notwendiger engster Fühlung mit ihm. Alles, was wirklich von Bedeutung ist, geht durch seine Hand. Die Kollegien nehmen regen Anteil an der Verwaltung, aber, wie allein schon die Stellungnahme der Gemeindevertretung zum Gemeindeordnungsentwurf zeigt (siehe oben) — und diesem Beispiel könnten sehr leicht andere angefügt werden —, ist auch in Stuttgart der Stadtvorstand das bedeutungsvollste Organ der Stadt.

Der Ortsvorsteher ist Vorsitzender des Gemeinderats, daneben aber auch Einzelbeamter der Gemeinde. Er leitet und beaufsichtigt die gesamte Gemeindeverwaltung, namentlich die Verwaltung des Gemeindevermögens, und erledigt in eigener Zuständigkeit diejenigen Geschäfte, die keine kollegiale Beschlußfassung erfordern, d. h. solche, bei denen es sich um keine sachliche Entschließung, insbesondere eine Verfügung über Rechte der Gemeinde handelt, oder sorgt dafür, daß sie durch Gemeindebeamte, soweit dies gesetzlich zulässig ist, erledigt werden. Über diese Gemeindebeamten sowie die Gemeindediener führt er die Dienstaufsicht.

Er handhabt die Ortspolizei selbständig, namentlich auch die ihm übertragene Polizeistrafgewalt. Nur in Angelegenheiten, die mit Kosten für die Stadt verbunden sind, sowie für Anordnungen, die auf die Dauer erlassen werden sollen, ist der Gemeinderat zuständig. Polizeiverordnungen werden von ihm erlassen, aber er bedarf hiezu, wenn sie fortdauernde Wirkung haben sollen, der Genehmigung des Gemeinderats.

In verschiedenen Städten wurde jedoch der Ortsvorsteher in Anwendung einer gesetzlichen Ermächtigung von diesen Geschäften entlastet, indem sie durch Ortsstatut besonderen Beamten („Polizeiamtmann") zur selbständigen Behandlung übertragen wurden, so in Ulm, Heilbronn, Cannstatt, Reutlingen und Tübingen. Auch Stuttgart hat seinen besonderen Polizeiamtsvorstand.

Der Ortsvorsteher ist endlich örtliches Organ der allgemeinen Staatsverwaltung und wird als solches in weitestem Maß in Anspruch genommen so daß häufig Klagen hierüber laut werden, und zwar vielfach gerechtfertigte.

Die Gemeinden befolgen die sehr vernünftige Politik, die Stellung ihrer Vorsteher materiell so auszugestalten, daß ihnen die Gewinnung wirklich tüchtiger Männer nicht schwer wird.

Die Bezüge der Stadtvorstände sind folgende: Stuttgart 18 000 Mk., Ulm 15 000 Mk., Heilbronn 15 000 Mk., Eßlingen 9500 Mk., Cannstatt

10000 Mk., Reutlingen 8000 Mk., Ludwigsburg 7500 Mk., Göppingen 7600 Mk., Tübingen 7200 Mk., Tuttlingen 6000 Mk., Ravensburg 6600 Mk., Heidenheim 6000 Mk., Schwenningen 5000 Mk.

Zum Vergleich mag angeführt werden, daß die Räte an den Verwaltungskollegien und Landgerichten Gehälter von 5000—6000, Landgerichtspräsidenten von 7500—8300 Mk. beziehen.

Alle Stadtvorstände haben Pensionsberechtigung kraft Gesetzes.

Die Übernahme nicht öffentlicher Nebenämter, welche ein Einkommen abwerfen, ist den Stadtvorständen in verschiedenen Städten verboten, in anderen nicht. Aber es wird von der im Fehlen des Verbots liegenden Gestattung in Erkenntnis der Unvereinbarkeit solcher Nebenbeschäftigung mit dem Hauptamt, nirgends Gebrauch gemacht.

Bei kurzer dauernder Verhinderung des Ortsvorstehers, der, wenn er sich über Nacht von seinem Amtssitz entfernt, der Staatsaufsichtsbehörde, dem Oberamt, Anzeige zu machen hat, wird er durch das älteste anwesende Mitglied des Gemeinderats vertreten, sofern nicht er selbst oder das Oberamt einen anderen Stellvertreter beruft. Dauert die Verhinderung längere Zeit (über 8 Tage), so wird der Stellvertreter bzw. Amtsverweser vom Oberamt auf Vorschlag des Stadtvorstands nach Anhörung des Gemeinderats, bei Erledigung der Stelle nach Anhörung beider Kollegien bestellt.

Die Erledigung des Amts tritt außer durch den Tod oder durch Bestrafung (§ 31 und 33 Str.G.B.) des Inhabers ein:

1. durch Niederlegung des Amts unter Verzicht auf alle etwaigen Ansprüche aus dem Amt;

2. durch auf Ansuchen erfolgende Versetzung in den Ruhestand;

3. durch Amtsenthebung wegen Dienstunfähigkeit infolge geistiger oder körperlicher Gebrechen bzw. wegen langandauernder Erkrankung;

4. durch Dienstentlassung wegen Disziplinarvergehen.

Der Antrag auf Amtsenthebung (Ziff. 3) bzw. Einleitung des förmlichen, auf Dienstentlassung zielenden Disziplinarverfahrens (Ziff. 4) gegen den Ortsvorsteher kann von den bürgerlichen Kollegien bei der Kreisregierung gestellt werden. Auf schriftlichen gemeinsamen Antrag der einfachen Mehrheit der Kollegien hat der dienstälteste Gemeinderat, nachdem er den Ortsvorsteher hiervon schriftlich benachrichtigt hat, die bürgerlichen Kollegien zu gemeinsamer Beratung und Beschlußfassung zu berufen und den Vorsitz in dieser Sitzung zu führen. Der betreffende Beschluß erfordert zur Gültigkeit bei Amtsenthebung einfache Mehrheit, bei Dienstentlassung eine Mehrheit von zwei Drittel der abgegebenen Stimmen, die zugleich der Mehrheit sämtlicher Mitglieder beider Kollegien entsprechen muß. Gegen den Bescheid der Kreisregierung können die Kollegien Beschwerde beim Ministerium des Innern einlegen.

Dem Stadtvorstand steht eine Reihe von Hilfsbeamten zur Seite, die meisten davon ohne akademische Vorbildung. Nur die Städte über 20 000 und zwei Städte über 10 000 Einwohner haben höher vorgebildete Gemeindebeamte. In Ulm hat der Stadtvorstand einen wissenschaftlichen Hilfsarbeiter, der die Befähigung zum höheren Verwaltungsdienst besitzt. Sodann ist, wie schon erwähnt, in einigen Städten die Polizeiverwaltung höher geprüften Verwaltungsbeamten übertragen. Höhere technische Beamte sind vorhanden in Ulm (je ein Hoch- und Tiefbauinspektor), Heilbronn (Tiefbauinspektor und Nahrungsmittelchemiker), Eßlingen (je ein Hoch- und Tiefbauinspektor), Cannstatt und Reutlingen (je ein Tiefbauinspektor), Ravensburg (ein städtischer Oberförster). In neuester Zeit hat Ulm einen Stadtarzt, dem die Ausübung von Privatpraxis nicht gestattet ist, angestellt. Im übrigen sind höhere Beamte, Hygieniker, Tierärzte usw., die sich ausschließlich dem städtischen Dienste widmen, nirgends vorhanden.

Ein große Zahl höherer Beamter hat natürlich Stuttgart. Neben den besoldeten Gemeinderäten stehen dem Stadtvorstand als Hilfsarbeiter zur Seite: 4 Sekretäre, von denen 2 die Befähigung zum Richteramt, 2 zum höheren Verwaltungsdienst haben; ferner sind eine Reihe höherer Bautechniker vorhanden, sodann ein ausschließlich für die Stadt beschäftigter Stadtarzt (Hygieniker), ein ebensolcher städtischer Chemiker und 5 Stadttierärzte je mit Assistenten, endlich ein städtischer Oberförster.

Was die Vorbildung der übrigen Beamten betrifft, so wird von den Technikern verlangt, daß sie die Werkmeisterprüfung, von den Verwaltungsbeamten, daß sie eine der niederen Dienstprüfungen im Departement des Innern, der Justiz oder der Finanzen, bei denen der Besitz der Berechtigung zum Einjährig-Freiwilligendienst Zulassungsbedingung ist, abgelegt haben. Bei der Verwaltung der technischen Betriebe der Städte werden in der Regel Kaufleute verwandt.

Auch bei diesen Beamten, ebenso wie bei den Stadtvorständen, sind die Städte in der Lage, sich tüchtige Männer zu erwählen, da es nie an Bewerbern fehlt. Einmal sind für nieder Geprüfte, namentlich Verwaltungsbeamte, beim Staatsdienst die Aussichten auf Vorrücken in besser bezahlte Lebensstellungen nicht gut, indem man erst in neuerer Zeit von der sonderbaren Praxis abzuweichen begonnen hat, Stellen, die nieder Geprüfte ebensogut oder besser ausfüllen können, mit höher Geprüften zu besetzen. Sodann sind die Gehaltsverhältnisse bei den Gemeindeämtern im allgemeinen gut, jedenfalls im Verhältnis zu denen der Staatsbeamten. Die

Bezüge der höheren Techniker bewegen sich nach den Etats für 1903/04 zwischen 6250 (Heilbronn) und 3450 (Cannstatt); Reutlingen reicht 4750, Eßlingen 4400 Mk. In Stuttgart gehen sie bis über 8000 Mk. hinaus. Die Gehälter der Polizeivorstände belaufen sich in Stuttgart auf 8500 Mk., in Ulm und Heilbronn auf 5—6000, in Reutlingen, Cannstatt und Tübingen auf 3000, 3200, bzw. 3300; dabei ist zu berücksichtigen, daß diese Stellen wenigstens in den letztgenannten drei Städten reine Durchgangsposten sind. Die Gehälter der übrigen Beamten, die meist in 4—5 Gehaltsklassen eingereiht sind, bewegen sich in Stuttgart zwischen 2400 und 7000 Mk. (bei den eigentlichen Beamten), in Heilbronn zwischen 1600 und 4650 Mk., in Reutlingen zwischen 2000 und 4500 Mk., in Ludwigsburg zwischen 1800 und 4600 Mk., in Heidenheim zwischen 1500 und 4200 Mk. Innerhalb der einzelnen Gehaltsklassen greift Vorrückung nach dem Dienstalter Platz, meist von 3 zu 3 Jahren.

Die soziale Stellung auch der nicht akademisch vorgebildeten Beamten ist eine durchaus geachtete, von der der höheren Beamten wenig oder nicht verschiedene.

All diese Umstände machen, wie gesagt, die städtischen Ämter begehrt, aber nicht überall wird von dem im allgemeinen zahlreichen Angebot der richtige Gebrauch gemacht, nicht bei den mit höher Geprüften zu besetzenden, wohl aber bei den übrigen Stellen. Bei der im Wege der Wahl durch den Gemeinderat erfolgenden Besetzung spielt in den kleineren der Städte namentlich die Ortsgebürtigkeit und das Vorhandensein eines Anhangs in der Bürgerschaft vielfach keine geringe Rolle, die Frage nach der Tüchtigkeit tritt in zweite Linie, und in einigen Städten ist kaum ein städtisches Amt mit einem Auswärtigen besetzt. Die städtischen Ämter, die oberen sowohl als die unteren, sollen zur Versorgung von Bürgersöhnen dienen. Daß die Folgen dieses Systems ungünstig sind, braucht nicht näher dargelegt zu werden.

Den anderen Städten ist ein derartiges System fremd; namentlich Stuttgart sieht mit großer Strenge auf die Tüchtigkeit bzw. Prüfungsnote des Kandidaten; seit kurzer Zeit ist dort auch die für eine große Stadt eigentümliche Sitte abgeschafft, wonach die Bewerber sich bei den Kollegialmitgliedern persönlich vorzustellen hatten.

Die Anstellungsbedingungen sind äußerst mannigfaltig in den einzelnen Städten. Im Gesetz finden sich Bestimmungen nur für die Stellen des Stadtpflegers (Vermögensverwalter und Rechner) und des Ratsschreibers: sie sollen entweder auf Lebensdauer oder auf bestimmte Zeit, mindestens auf 3 Jahre, gewählt werden. Zu der sehr seltenen Anstellung auf Lebensdauer ist die Zustimmung des Bürgerausschusses erforderlich. Die Regel ist die Anstellung auf bestimmte Zeit (3—10 Jahre) oder auf unbestimmte Zeit in widerruflicher Weise und auf Kündigung. In Stuttgart erfolgt neuerdings keine Anstellung mehr, sowohl bei höheren als bei niederen Beamten, sofern nicht das Gesetz entgegensteht, auf längere Dauer als 3 Jahre. Nur in vereinzelten Fällen unterbleibt die Wiederwahl nach Ablauf der Amtsdauer bzw. erfolgt Kündigung, tatsächlich haben vielmehr die Beamten ihr Amt auf Lebenszeit inne. Alle Gemeindebeamten, die ihren Lebensunterhalt auf ihr Amt gründen, gehören der durch Gesetz von 1894 ins Leben gerufenen Pensionskasse für Körperschaftsbeamte oder einer besonderen städtischen Pensionsanstalt an.

Gesetzliche Vorschriften über Zulässigkeit der Übernahme von privaten Nebenbeschäftigungen durch die Gemeindebeamten fehlen. Dagegen ist überall durch Ortsstatut festgesetzt, daß den Beamten die Übernahme eines Nebenamts oder einer mit fortlaufender Belohnung verbundenen Nebenbeschäftigung, sowie der Betrieb eines Gewerbes verboten ist bzw. vom Gemeinderat ausdrücklich gestattet werden muß. Andere Nebenbeschäftigungen sind gestattet, sofern unter ihrer Ausübung der Beruf nicht notleidet.

Daß mit dem Wachstum der Städte und damit der Verwaltung die Spezialisierung und damit auch das Gewicht der Arbeiten des einzelnen Beamten, eben weil er Spezialist auf seinem Gebiet ist, zunimmt, ist einleuchtend, und es ist zweifellos, daß zahlreiche wertvolle Anregungen ihren Ausgang von dort nehmen und genommen haben. Von einem über das normale Maß hinausreichenden Einfluß der dem Stadtvorstand unterstellten Beamten kann jedoch dank der Persönlichkeit der einzelnen Stadtvorstände nichts wahrgenommen werden.

Eine Bestätigung der Gemeindebeamten durch die Regierung findet, von wenigen nicht nennenswerten Ausnahmen abgesehen, nicht statt.

XI. Der Bürgerausschuß.

Das Verwaltungsedikt bestimmte, daß der zur „Vertretung der Bürgerschaft gegenüber dem Gemeinderat" berufene Bürgerausschuß auf 2 Jahre gewählt werde, daß alle Jahre die Hälfte der Mitglieder auszuscheiden habe, und daß die ausscheidenden Mitglieder nicht sofort, sondern erst nach Jahresfrist wiedergewählt werden können. Das Gesetz ging bei der kurzen Bemessung der Wahlperioden und dem Verbote der Wiederwahl von dem gewiß richtigen Gedanken aus, daß einer möglichst großen Anzahl von Bürgern Gelegenheit gegeben werden solle, in die Gemeindeverwaltung hineinzusehen, daß die Verwaltung möglichst wenig geheim sein solle. Bei der Kleinheit der Städte und der Einfachheit ihrer Verhältnisse zur Zeit des Erlasses des Verwaltungsedikts mochte eine zweijährige Frist wohl genügen, um den Bürgerausschußmitgliedern einen mehr als oberflächlichen Einblick in die Gemeindeverwaltung zu verschaffen und ihnen zu ermöglichen, auf Grund dieses Einblicks eine Kontrolle des Gemeindeverwaltungsorgans des Gemeinderats auszuüben. Aber in dem Maße, als die Städte anwuchsen und ihre Verwaltung sich komplizierte, nahm die Möglichkeit ab, in derselben Zeit wie früher die zu einer erfolgreichen Tätigkeit erforderliche Vertrautheit mit den Geschäften zu gewinnen, und in demselben Maß verminderte sich der durch die Aufhebung der Lebenslänglichkeit der Gemeinderäte und die dadurch bewirkte Umwandlung des Gemeinderats zu einer wirklichen Vertretung der Bürgerschaft ohnehin schon zurückgegangene Einfluß des Bürgerausschusses. Die Gemeindeverwaltungsnovelle von 1891 schuf hierin einigen Wandel, und geltendes Recht ist jetzt, daß die Bürgerausschußmitglieder auf 4 Jahre gewählt werden, daß alle 2 Jahre die Hälfte der Mitglieder ausscheidet und daß die Ausscheidenden wiedergewählt werden können. Die an die Aufhebung des Verbots der Wiederwahl geknüpfte Befürchtung, daß ähnlich, wie dies beim Gemeinderat der Fall war, und meist noch ist, die ständige Wiederwahl und damit die Lebenslänglichkeit des Amts zur Regel werde, hat sich beim Bürgerausschuß nur in geringem Maße verwirklicht; in den größeren Städten jedenfalls ist von einer eigentlichen Regel keine Rede, wenn auch die Wiederwahl nicht gerade eine seltene Ausnahme bildet. Gegen eine zu häufige Wiederwahl bildet der Umstand ein hinreichendes Hemmnis, daß die Funktion eines Bürgerausschußmitglieds doch zu unbedeutend ist, um längerdauernde Befriedigung zu gewähren.

Der Bürgerausschuß wählt aus seiner Mitte auf die Dauer von zwei Jahren seinen Vorsitzenden, den Obmann, und einen Stellvertreter. Die Wahl erfolgt nach dem Gesetz unter Leitung des der Sitzordnung nach ersten Bürgerausschußmitglieds, d. h. desjenigen Mitglieds der älteren Hälfte des Kollegiums, das bei der Wahl die meisten Stimmen erhalten hat. Auf Ersuchen des Bürgerausschusses kann der Ortsvorsteher die Leitung der Wahlhandlung ohne Stimmrecht vornehmen, und kommt dies in verschiedenen Städten vor. Der Obmann gibt bei Stimmengleichheit den Stichentscheid; im übrigen hat er ein Wahlrecht nur im Fall der Vereinigung des Gemeinderats und Bürgerausschusses zur Herbeiführung einer Beschlußfassung bei Meinungsverschiedenheiten zwischen beiden Kollegien.

Der Obmann beraumt, nachdem er dem Ortsvorsteher Anzeige hievon gemacht hat, die Sitzungen des Bürgerausschusses an, wozu er sämtliche Mitglieder einzuladen hat. In den Sitzungen führt er den Vorsitz. Irgendwelche Machtmittel bei Handhabung der Sitzungspolizei stellt ihm das Gesetz nicht zur Verfügung; wie schon erwähnt, ist der Ortsvorsteher allein zur Verhängung von Ordnungsstrafen befugt. Im Verkehr mit dem Gemeinderat ist er der Wortführer; durch seinen Mund teilt der Bürgerausschuß dem Gemeinderat das Ergebnis seiner Beratung mit. Da es an Reibungsflächen zwischen Gemeinderat und Bürgerausschuß der Natur der Sache nach nicht fehlt, so hängt sehr viel von der Person des Obmanns ab, ob ein gedeihliches Verhältnis zwischen den beiden Kollegien sich zu entwickeln und zu erhalten vermag. Diesem Gesichtspunkt trägt die indirekte Wahl des Obmanns entschieden mehr Rechnung als der bis 1891 in Geltung gestandene Modus seiner Bestellung, wonach bei der Bürgerausschußwahl jeder Wähler auf seinem Stimmzettel dasjenige Mitglied zu bezeichnen hatte, das er zum Obmann gewählt wissen wollte. Das Kollegium kennt den Geschäftsgang, die für den Obmann erforderlichen Eigenschaften und die Personen, die diese Eigenschaften in sich vereinigen, viel besser und vermag sich daher weit leichter über Partei- und sonstige Rücksichten hinwegzusetzen als die Masse der Wähler, die nur einen sehr unvollständigen Begriff von der Tätigkeit des Bürgerausschusses haben, weil hievon nicht viel in die Öffentlichkeit dringt; denn die Verhandlungen des Bürgerausschusses sind nicht öffentlich; ein Protokoll darüber wird nicht veröffentlicht, ja meistens überhaupt nicht geführt.

Eine gültige Beschlußfassung kann nur im Plenum erfolgen; es ist hiebei die Anwesenheit von mehr als der Hälfte der Mitglieder erforderlich. Ständige Abteilungen sieht das Gesetz nicht vor. Dagegen ist der Bürgerausschuß natürlich nicht gehindert, zur Vorbereitung einzelner Beschlüsse besondere Kommissionen einzusetzen, was übrigens, von der Rechnungsprüfungskommission abgesehen, in der Praxis sehr selten vorkommt.

Die Bürgerausschußmitglieder beziehen weder ständigen Gehalt noch Sitzungsgelder; nur für einzelne bestimmte Geschäfte, namentlich auswärtige, haben sie Taggelder anzusprechen.

Der Bürgerausschuß hat keinerlei Befugnis, die Gemeinde nach außen zu vertreten. Die ihm gesetzlich zugewiesenen Funktionen sind folgende:

1. Er hat im allgemeinen die Gemeindeverwaltung zu kontrollieren. Zu diesem Zweck steht ihm die Einsicht und Prüfung der Jahresrechnungen zu. Anläßlich der Entgegennahme des Berichts seiner hierfür eingesetzten Kommission über das Ergebnis der Prüfung kann sich der Bürgerausschuß

„über den Zustand des Gemeindewesens überhaupt und dessen Verwaltung beraten, seine diesfallsigen Wünsche, Vorschläge oder Beschwerden den Bemerkungen über die Gemeinderechnung anhängen und mit solchen dem Gemeinderat übergeben". — Zur Entlastung des Rechners ist er nicht zuständig.

2. In einer Reihe von gesetzlich bestimmten Fällen hat er zu den Beschlüssen des Gemeinderats Stellung zu nehmen, ihnen durch seine Zustimmung Rechtswirksamkeit zu verleihen. Diese Fälle sind nach dem Verwaltungsedikt folgende:

a) Feststellung des Jahresetats;

b) Beschlüsse über unvorhergesehene Ausgaben, deren Deckung durch Erübrigungen oder Überschüsse bei anderen Etatstiteln nicht erfolgen kann;

c) Abschluß von Verträgen über Gemeindeeinkünfte, welche nicht im Wege des Aufstreichs geschehen;

d) Abschluß von Verträgen irgendwelcher Art mit einzelnen Gliedern des Gemeinderats ohne vorgängigen Auf- oder Abstreich;

e) Gewährung von außerordentlichen Belohnungen, Verehrungen oder sonstigen Begünstigungen an einzelne Mitglieder des Gemeinderats;

f) Nachlaß unbestrittener und eintreibbarer Forderungen der Gemeinde;

g) Alle Beschlüsse, wodurch der Gemeindeetat bleibend verändert, das Vermögen der Gemeinde und dessen Ertrag für die Zukunft vermehrt oder vermindert wird.

Weitere Fälle, in denen die Wirksamkeit von Gemeinderatsbeschlüssen durch die Zustimmung des Bürgerausschusses bedingt ist, sind in verschiedenen Gesetzen enthalten. Besonders erwähnenswert ist der Fall der Feststellung von Ortsbauplänen und namentlich der der Erlassung von Ortsstatuten (nicht Polizeiverordnungen).

3. Der Gemeinderat ist berechtigt, den Bürgerausschuß, so oft er es für erforderlich hält, zu Beratungen auch in Angelegenheiten, in denen seine Mitwirkung gesetzlich nicht vorgeschrieben ist, heranzuziehen,.

XII. Verhältnis von Gemeinderat und Bürgerausschuß.

Für alle Fälle, in denen ein Gemeinderatsbeschluß der Zustimmung des Bürgerausschusses bedarf, schreibt das Gesetz vor, daß der Gemeinderat den Bürgerausschuß vor Abfassung des Beschlusses zur Beratung beizuziehen und über seine Ansichten und Wünsche mündlich zu hören hat. Ergibt sich hiebei eine Übereinstimmung der Ansichten beider Kollegien, so wird zur Abstimmung geschritten, ein Eintrag über die Zustimmung des Bürgerausschusses in das Gemeinderatsprotokoll gemacht und vom Obmann und den zwei ältesten Mitgliedern des Bürgerausschusses unterzeichnet. Trägt der Bürgerausschuß Bedenken, der Ansicht des Gemeinderats beizutreten, so kann er sich Bedenkzeit vorbehalten und die Frage in besonderer nicht öffentlicher Sitzung für sich beraten. Hat er seine Stellungnahme festgelegt, so findet wieder eine gemeinsame Sitzung bzw. die Fortsetzung der unterbrochenen Sitzung statt, wobei der Obmann den Beschluß des Bürgerausschusses nebst Gründen vorträgt. Läßt sich in der hieran sich anschließenden gemeinsamen Beratung die Meinungsverschiedenheit nicht heben, so kann der Gemeinderat, nicht auch der Bürgerausschuß, beschließen, daß sich beide Kollegien vereinigen. In diesem Kollegium, in dem der Stadtvorstand den Vorsitz führt und der Bürgerausschußobmann stimmberechtigt ist, wird nach absoluter Mehrheit sämtlicher vertretenen Stimmen Beschluß gefaßt. Eine solche Vereinigung beider Kollegien bzw. Stimmendurchzählung muß stets erfolgen, „wenn es sich um die Erfüllung einer Verbindlichkeit der Gemeinde oder einer gesetzlichen Obliegenheit der Gemeindeverwaltung handelt". Ist in diesen letzten Fällen das Ergebnis der Durchzählung ein negatives, so trifft die Gemeindeaufsichtsbehörde an Stelle der Gemeindekollegien die erforderliche Verfügung. Hievon abgesehen aber werden Konflikte zwischen den Kollegien im Schoß der Gemeindevertretung zum Austrag gebracht. Die günstigere Position dabei hat der Gemeinderat; er kann den Widerstand des Bürgerausschusses beugen, während andererseits dem Bürgerausschuß ein entsprechendes Machtmittel zur Wahrung seines Standpunktes nicht zu Gebot steht. Wenn beide Kollegien vollzählig und in sich einig sind, so hat allerdings der Bürgerausschuß die Mehrheit, da wohl sein Vorsitzender, nicht auch der des Gemeinderats ein Stimmrecht besitzt. Aber dieser Vorzug, den das Gesetz dem Bürgerausschuß einräumt, ist ohne viel praktischen Wert. Da nur der Gemeinderat die Durchzählung verlangen kann, so wird eine solche dann nicht vorgenommen werden, wenn sich schon zum voraus berechnen läßt, daß sie ein für den Gemeinderat ungünstiges Ergebnis haben wird, und es wird vielmehr die Beschlußfassung auf einen gelegeneren Zeitpunkt verschoben werden, was gewöhnlich nicht sehr schwer hält, da die Beteiligung an den Sitzungen seitens der Bürgerausschußmitglieder nicht mit der Regelmäßigkeit und Vollzähligkeit zu erfolgen pflegt wie seitens der Gemeinderäte.

Auch abgesehen davon ist das Verhältnis des Bürgerausschusses zum Gemeinderat weit entfernt von dem der Gleichberechtigung. Der Bürgerausschuß ist zwar in den wichtigsten Angelegenheiten der Verwaltung zur Mitwirkung berufen, aber diese Mitwirkung ist eine rein ergänzende, gewissermaßen nachträgliche. Nicht der Bürgerausschuß ist es, der auf den Gebieten, die überhaupt seiner Einwirkung zugänglich gemacht sind, die einzelnen Fragen aufrollt und der Beschlußfassung der Gemeindeorgane unterstellt, sondern der Gemeinderat. Der Bürgerausschuß hat nur den Beruf, Stellung zu nehmen zu den Beschlüssen des Gemeinderats, nicht aber kann er den Gemeinderat nötigen, Stellung zu seinen, des Bürgerausschusses, Beschlüssen zu nehmen. Der Gemeinderat ist dasjenige Organ in der Gemeinde, das, um ein neuerdings viel gehörtes Wort zu gebrauchen, der Verwaltung Ziel und Richtung gibt. Es fehlt dem Bürgerausschuß das Recht der Initiative. Er kann zwar jederzeit Anregungen an den Gemeinderat geben und seine Ansichten und Wünsche zu den verschiedensten Gegenständen aussprechen, aber einen Anspruch darauf, daß diesen seinen Anregungen und Wünschen seitens des Gemeinderats eine Folge gegeben wird, daß eine entsprechende Vorlage ausgearbeitet und vom Gemeinderat beraten wird, daß der Gemeinderat auf die einseitigen Beschlüsse des Bürgerausschusses irgendwie eingeht, sie ausführt, besitzt er nicht. Das Verwaltungsedikt spricht allerdings davon, daß der Bürgerausschuß, wenn er mit seinen Anträgen beim Gemeinderat kein Gehör findet, sich beschwerdeführend an die Gmeindeaufsichtsbehörden zu wenden berechtigt ist. Aber eine solche Beschwerde kann nur dann Erfolg haben, wenn sie eine Angelegenheit betrifft, in der die Aufsichtsbehörde einzuschreiten berechtigt ist, wenn sie sich also gegen eine Verletzung von Rechtspflichten der Gemeinde richtet. Das Beschwerderecht des Bürgerausschusses unterscheidet sich also von demjenigen irgendwelcher privater Interessenten nicht und hat namentlich nicht die Wirkung, daß der Gemeinderat nun gezwungen werden könnte, sich mit Anträgen des Bürgerausschusses, die ihre Entstehung reinen Zweckmäßigkeitserwägungen verdanken, auch nur oberflächlich zu befassen. Die betreffende Bestimmung des Verwaltungsedikts hat keine andere Bedeutung als die, daß dem Bürgerausschuß, der im übrigen nach außen nicht handelnd auftreten kann, für diesen speziellen Fall eine solche Befugnis eingeräumt werden soll.

Der Bürgerausschuß war offenbar gedacht als parlamentarische Vertretung gegenüber dem anfänglich lebenslänglichen Gemeinderat, und in der Tat hat seine Stellung zu letzterem manches gemein mit derjenigen des Parlaments zur Staatsregierung. Der Gemeinderat ist alleiniger Inhaber der Exekutive; die Aufgabe des Bürgerausschusses ist rein beschließender Natur. Der Zuständigkeit des Gemeinderats ist nichts verschlossen, was das

Gemeindeleben berührt; sie ist nur auf gewissen Gebieten eingeschränkt durch eine konkurrierende Zuständigkeit des Bürgerausschusses. Auf diesen Gebieten, auf welche die Mitwirkung des Bürgerausschusses beschränkt ist, sind die Willenserklärungen beider Kollegien insofern gleichwertig, als ohne ihre Übereinstimmung keine von beiden rechtswirksam ist. Der Bürgerausschuß ist zur Kontrolle des Gemeinderats wie das Parlament zu der der Regierung berufen. Beiden Kontrollorganen stehen als Mittel zum Zweck nur die Jahresrechnungen zu Gebote; der Gemeinderat ist so wenig wie die Staatsregierung verpflichtet, zu jenem Behuf Akteneinsicht zu gewähren. Bezüglich der Feststellung des Etats stehen sich Parlament und Bürgerausschuß, rein rechtlich betrachtet, gleich.

Aber es sind andererseits derartige Differenzpunkte vorhanden, daß dem Bürgerausschuß der Charakter einer wahren parlamentarischen Vertretung kaum zugesprochen werden kann. Zunächst ist hiebei zu bemerken, daß, wie auch die Motive zum Gemeindeordnungsentwurf aussprechen, die Zahl der Mitglieder viel zu gering ist, als daß von einem Stadtparlament die Rede sein könnte. Auch die mangelnde Öffentlichkeit seiner Verhandlungen läßt den Eindruck nicht recht aufkommen, daß man im Bürgerausschuß einen parlamentarischen Vertretungskörper vor sich hat. Namentlich aber ist zu beachten, daß dem Gemeinderat in der Majorisierung des Bürgerausschusses ein Recht in die Hand gegeben ist, wie es der Regierung im Verhältnis zum Parlament niemals zusteht. Das Recht der Regierung zur Auflösung des Parlaments unterscheidet sich grundsätzlich hievon. Regierung und Parlament sind vielmehr gleichberechtigte Faktoren bei der Willensbildung des Staates. Weiterhin begründet das Fehlen der Initiative beim Bürgerausschuß einen tiefgehenden Gegensatz zu echter parlamentarischer Vertretung. Endlich fehlt dem Bürgerausschuß das zur Ausübung einer wirksamen Kontrolle erforderliche Recht, Auskünfte vom Gemeinderat zu verlangen. Zusammenfassend muß gesagt werden, daß die Stellung, die das Gesetz dem Bürgerausschuß zuweist, doch zu unbedeutend ist, als daß sie der des Parlaments auch nur annähernd gleichgeachtet werden könnte.

Mit der gesetzlich vorgeschriebenen Art des Zusammenwirkens beider Kollegien stimmt nun aber die tatsächliche kaum irgendwo ganz überein, und es herrscht in dieser Richtung trotz der Einheitlichkeit der Gesetzgebung eine große Mannigfaltigkeit der Verhältnisse. In Stuttgart werden in den Fällen, in denen die Mitwirkung des Bürgerausschusses nach dem Gesetz notwendig ist, zunächst vom Gemeinderat allein vorläufige Beschlüsse gefaßt, die sodann dem Bürgerausschuß zu abgesonderter Vertretung überwiesen werden. Hierauf wird in gemeinschaftlicher Sitzung endgültig Beschluß gefaßt. Am weitesten liegen die Gestaltungen auseinander in Heilbronn einerseits und Gmünd andererseits. In Heilbronn finden gemeinschaftliche Beratungen beider Kollegien nur ausnahmsweise statt, beide verhandeln vielmehr je getrennt für sich. Der Gemeinderat faßt seine Beschlüsse und teilt sie dann schriftlich dem Bürgerausschuß mit, ohne daß die gesetzlich vorgeschriebene Vorbesprechung zwischen den Kollegien stattgefunden hätte. In den gemeinschaftlichen Sitzungen werden in der Regel nur die Beschlüsse des Bürgerausschusses zu denen des Gemeinderats verkündigt. Weitere Fälle als die gesetzlich vorgeschriebenen werden dem Bürgerausschuß zur Beschlußfassung nicht unterbreitet. Zu irgendwelchen Unzuträglichkeiten hat diese scharfe Trennung beider Kollegien nicht geführt. Zweifellos wird hiedurch eine Beeinflussung des Bürgerausschusses in der Prüfung der Gemeinderatsbeschlüsse vermieden, ein selbständiges Urteil ermöglicht und die Stellung des Bürgerausschusses als eines unabhängigen Kontrollorgans kommt hiebei jedenfalls sehr entschieden zur Geltung. Auch werden heftige Zusammenstöße beider Kollegien vermieden. Steht Ansicht gegen Ansicht, so findet keine lange Debatte statt. Der Bürgerausschuß zieht sich zurück zu nochmaliger Beratung. Bleibt dann die Meinungsverschiedenheit noch bestehen, so wird durchgezählt, wenn das Stimmenverhältnis dem Gemeinderat günstig ist. Es wird übrigens sehr selten nötig, zu diesem Mittel zu greifen, meist werden die Meinungsverschiedenheiten durch gegenseitige Konzessionen behoben; wenn aber durchgezählt wird, so wird diese Maßregel vom Bürgerausschuß mit Gelassenheit aufgenommen.

In Gmünd dagegen wird von der Bestimmung, daß der Gemeinderat den Bürgerausschuß zu seinen Beratungen beiziehen kann, wenn er es für notwendig hält, ein Gebrauch gemacht, der weit über die mit jener gesetzlichen Bestimmung verfolgten Absichten des Gesetzgebers hinausgeht. Der Gemeinderat wird nie ohne den Bürgerausschuß zusammenberufen und mit wenigen Ausnahmen wird alles gemeinschaftlich beraten. Der Bürgerausschuß hält auch seinerseits keine gesonderten Sitzungen. Meinungsverschiedenheiten zwischen beiden Kollegien werden in der gemeinschaftlichen Sitzung, und zwar so gut wie immer ohne Durchzählung behoben, der Bürgerausschuß zieht sich nicht zu besonderer Beratung zurück. Was die Wirkungen dieses Systems betrifft, so werden sie als durchaus zufriedenstellend bezeichnet. Konflikte zwischen den Kollegien kommen kaum vor; der Bürgerausschuß ist weniger ein Kontrollorgan als ein Teil, der Gemeinderat eine Art von Abteilung des Gesamtkollegiums.

Zwischen den Grenzen, wie sie durch das Verhältnis der bürgerlichen

Kollegien in den genannten beiden Städten gegeben sind, kommen in den übrigen Städten verschiedene Abstufungen vor. Gemeinsam ist bei den meisten die Tendenz, dem Bürgerausschuß eine etwas inhaltsreichere Stellung einzuräumen als es die gesetzliche ist. Fast überall — nicht in Ulm z. B. — wird dem Bürgerausschuß das ihm vom Gesetz vorenthaltene Recht der Initiative stillschweigend zugestanden, und die gesetzlichen Zuständigkeitsgrenzen werden meist zugunsten des Bürgerausschusses nicht ganz streng beachtet.

Von der Stimmendurchzählung wird nur in wenigen Städten, unter ihnen vor allem Ravensburg, ein umfangreicher Gebrauch gemacht. Meist wird die friedliche Beseitigung der Differenzpunkte dem Zwang vorgezogen, der in verschiedenen Städten vom Bürgerausschuß als Härte empfunden würde beziehungsweise wird. In Stuttgart z. B. kommt die Durchzählung so gut wie niemals vor.

Als ein vortreffliches Mittel zur Vermeidung solcher Konflikte haben sich die gemischten Kommissionen erwiesen. Sie dienen zugleich dazu, die Bürgerausschußmitglieder zur praktischen Arbeit für das Gemeinwesen heranzuziehen und ihnen einen tieferen Einblick in das Wesen der Verwaltung zu verschaffen. In den Mittelstädten sind die meisten der ständigen Kommissionen gemischt. Sie sind gewöhnlich zur Hälfte aus Gemeinderats-, zur Hälfte aus Bürgerausschußmitgliedern zusammengesetzt und stehen der Regel nach unter dem Vorsitz des Ortsvorstehers. Als solche Kommissionen sind zu nennen: Gas-, Wasser-, Elektrizitätswerkkommissionen mit der Aufgabe, die Verwaltung dieser Betriebe zu leiten bzw. daran mitzuwirken und sie zu überwachen, Anlehenskommissionen zur Vorberatung von Anlehensfragen, Schulkommissionen, Finanzkommissionen usw. Besondere sozialpolitische Kommissionen sind nirgends vorhanden. Ihre Tätigkeit ist natürlich rein vorbereitender Natur. Im allgemeinen wird innerhalb der Kommission nicht unterschieden zwischen Gegenständen, in denen der Gemeinderatsbeschluß der Zustimmung des Bürgerausschusses bedarf, und solchen, in denen dies nicht der Fall ist. Die Kommission berät vielmehr über alle vorkommenden Angelegenheiten. Anders ist dies in Ulm, wo die für das Plenum nach dem Gesetz geltenden Zuständigkeitsgrenzen auch innerhalb der Kommission beachtet werden, nicht dagegen in Heilbronn, so sehr im übrigen dort der Bürgerausschuß in den gesetzlichen Schranken gehalten wird. In Ravensburg geht das Bestreben, den Bürgerausschußmitgliedern einen möglichst vollständigen Einblick in die Gemeindeverwaltung zu gewähren, so weit, daß sogar in die gemeinderätliche Dekreturenabteilung Bürgerausschußmitglieder berufen werden.

In Stuttgart vollzieht sich, wie schon bemerkt, die Verwaltungstätigkeit des Gemeinderats in der Hauptsache in den Gemeinderatsabteilungen, in denen natürlich der Bürgerausschuß nicht vertreten ist und die ständigen Kommissionen, in denen, wenigstens teilweise, auch in Stuttgart Mitglieder des Bürgerausschusses sich befinden, treten an Bedeutung gegenüber den anderwärts bestehenden wesentlich zurück. Doch haben in einigen wichtigen unständigen Kommissionen Mitglieder des Bürgerausschusses Sitz und Stimme (Kommission für Erbauung eines Schlachthauses, Anlehenskommission).

Das Verhältnis der Kollegien zueinander ist durchweg ein gutes, friedliches, namentlich sieht der Bürgerausschuß seine Aufgabe nicht etwa darin, die Beschlüsse des Gemeinderats, zu denen er Stellung zu nehmen hat, wenn irgend möglich, zu bekämpfen; grundsätzliche Opposition ist ihm, zur Zeit jedenfalls, überall fremd.

Trotzdem dem Bürgerausschuß vielfach eine von der gesetzlichen nicht unwesentlich abweichende Stellung gewährt, eine größere Einflußsphäre eröffnet worden ist, hat er sich kaum irgendwo zu voller Ebenbürtigkeit mit dem Gemeinderat aufgeschwungen. Einigermaßen mag hiebei der Umstand mitwirken, daß diese Erweiterung seiner Befugnisse keine feste gesetzliche Grundlage hat und daß der Gemeinderat daher an sich nicht gehindert ist, sie wieder zurückzuschrauben, des weiteren, daß der Bürgerausschuß in Fällen der Meinungsverschiedenheit doch ab und zu zu fühlen bekommt, daß der Gemeinderat das eigentlich maßgebende Organ ist. Der Hauptgrund dafür aber ist zweifellos darin zu erblicken, daß auch der Gemeinderat direkt von der Bürgerschaft gewählt wird, daß er sich nicht weniger als der Bürgerausschuß als eine wahre Vertretung derselben anzusehen berechtigt ist und, wie die Dinge liegen, nicht nur als gleichwertige Vertretung, sondern als eine solche höheren Ranges. Daß diese Anschauung herrscht, geht einmal aus der Wahlbeteiligung hervor, die bei den Gemeinderatswahlen stets größer ist als bei denen zum Bürgerausschuß, ferner daraus, daß zwar Bürgerausschußmitglieder sehr häufig später in den Gemeinderat gewählt werden, der umgekehrte Fall aber niemals vorkommt: Für die Mitgliedschaft zum Gemeinderat wird von der Wählerschaft ein durch die Tätigkeit im Bürgerausschuß zu erbringender Befähigungsnachweis verlangt, für den Bürgerausschuß nicht. Der Bürgerausschuß hat sich wohl zuweilen als treibendes Element, als Element des Fortschritts erwiesen, so namentlich in Heilbronn [1], auch in Tuttlingen und wohl auch

[1] Es mußte übrigens zur Abschaffung des Volksschulgeldes der Widerstand des Bürgerausschusses durch Durchzählung überwunden werden.

andernorts, aber im allgemeinen kann ihm dieser Ruhmestitel nicht zugebilligt werden. Das maßgebende Organ, dasjenige, von dem die eigentliche Initiative, und zwar bleibend und stetig, nicht nur gelegentlich ausgeht, ist der Gemeinderat.

XIII. Heranziehung der Bürger zu anderweiten städtischen Ehrenämtern.

Nach dem Gemeindeangehörigkeitsgesetz von 1885 sind die Mitglieder des Gemeinderats und Bürgerausschusses verpflichtet, eine Wahl in die für einzelne Geschäftszweige niedergesetzten Deputationen und Kommissionen anzunehmen und dieses Amt während der Dauer ihrer Mitgliedschaft in den Gemeindekollegien zu versehen. Andere Personen haben eine gesetzliche Pflicht zur Annahme solcher Ehrenämter nicht; sie sind nur, wenn sie ein solches Amt einmal angenommen haben, dazu verpflichtet, es während der festgesetzten Dauer, höchstens aber 6 Jahre lang, zu versehen.

Von der hierin liegenden Ermächtigung der Gemeindekollegien, ihre Kommissionen usw. durch Berufung von anderen Personen als Kollegialmitgliedern zu besetzen bzw. zu verstärken, wird kein sehr umfangreicher Gebrauch gemacht, und nur wenige Städte haben in ihren Kommissionen und Deputationen, von einzelnen Schulkommissionen abgesehen, Mitglieder, die den bürgerlichen Kollegien nicht angehören: Ulm in seiner erweiterten Baukommission, in der „Kommission für die Arbeits- und Wohnungsvermittlungsstelle und das Arbeitersekretariat" sowie in der Theaterkommission, Heilbronn in der Bibliotheks-, Gebäudesteuereinschätzungs-, Quartierkommission, und einigen anderen, weniger bemerkenswerten Kommissionen, Cannstatt und Ludwigsburg in ihren Quartierdeputationen bzw. -Kommissionen.

Hiemit ist jedoch der Kreis der Gebiete, die dem Ehrenamt erschlossen sind, nicht erschöpft. Jenseits der Zuständigkeit des Gemeinderats kann eine Mitwirkung von Ehrenbeamten namentlich stattfinden bei der Schulverwaltung und der Wohnungsaufsicht, jenseits seiner eigentlichen, gesetzlich oder autonom umschriebenen Aufgaben und losgetrennt von der Mitgliedschaft zu ihm bzw. seinen Kommissionen, in der Armen- und Waisenpflege.

Nach dem Volksschulgesetz von 1836 und seinen Novellen wird die Aufsicht über die Volksschulen durch je eine besondere Ortsschulbehörde für jede Konfession (auch Ortsschulrat genannt) geführt, die aus höchstens drei der Ortsgeistlichen, ebenso vielen Lehrern der betreffenden Konfession und so vielen, von den Gemeindekollegien auf 3 Jahre aus der Schulgemeinde zu wählenden Gemeindebürgern besteht, als Geistliche und Lehrer zusammen der Behörde angehören; weiterhin ist Mitglied und neben dem ersten Geistlichen Mitvorsitzender in den Ortsschulbehörden der Ortsvorsteher. Wer durch Wahl aus den Schulgemeindegliedern berufen wird, ist nur dann zum Eintritt in die Ortsschulbehörde verpflichtet, wenn er Mitglied der bürgerlichen Kollegien ist.

Die Ministerialverfügung vom 21. Mai 1901, welche die Einrichtung einer besonderen Wohnungsaufsicht anordnet, weist die Auswahl der mit der Vornahme der Wohnungsaufsicht zu betrauenden Organe dem freien Ermessen der Gemeinde zu.

Nach dem Ausführungsgesetz zum Unterstützungswohnsitzgesetz von 1873 steht die Verwaltung der öffentlichen Armenpflege den bürgerlichen Kollegien zu, wobei jedoch der Gemeinderat durch den ersten Ortsgeistlichen jeder Konfession verstärkt wird und der Vorsitz in dieser „Ortsarmenbehörde" dem Ortsvorsteher und dem Ortsgeistlichen der überwiegenden Konfession gemeinschaftlich zusteht. Auf Grund eines Beschlusses der bürgerlichen Kollegien kann eine besondere, dem Gemeinderat untergeordnete Deputation aus Mitgliedern der bürgerlichen Kollegien geeignetenfalls unter Zuziehung anderer Ortseinwohner für die Verwaltung der gesamten öffentlichen Armenpflege und ebenso Kommissionen für die Verwaltung einzelner Zweige oder Anstalten der Armenpflege gebildet, auch für einzelne Bezirke der Gemeinde besondere Armenpfleger bestellt werden.

Der Gemeinderat endlich, der die dem Gemeindewaisenrat nach dem Bürgerlichen Gesetzbuch obliegenden Verrichtungen wahrzunehmen hat, kann zu seiner Unterstützung bei der Beaufsichtigung der im Kindesalter stehenden Mündel ehrbare Frauen, die hiezu bereit sind, als Waisenpflegerinnen in widerruflicher Weise bestellen.

In den Ortsschulbehörden befinden sich von nichtfachmännischen gewählten Mitgliedern nur in einigen der größeren Städte solche, die nicht den bürgerlichen Kollegien angehören. Im allgemeinen überwiegt der Einfluß der Fachmänner, namentlich der Ortsschulinspektoren den der Gewählten ganz entschieden. Eine andere als mitberatende Tätigkeit entfalten letztere kaum, die eigentliche praktische Arbeit leisten in der Hauptsache die anderen Mitglieder.

Bei der Wohnungsaufsicht werden in den Mittelstädten nirgends ehrenamtliche Wohnungsinspektoren verwendet; in Stuttgart dagegen wurde der Versuch gemacht, mit der Wohnungsinspektion ehrenamtliche Wohnungspfleger zu betrauen. Die Stadt ist zu diesem Zweck in 210 Wohnungspflegebezirke eingeteilt, an deren Spitze je ein Pfleger steht, der bestimmte Kategorien aufsichtsbedürftiger Wohnungen ständig zu beaufsichtigen und nach jedem

Aufzug neuer Mieter, von dem er durch das Wohnungsamt Nachricht erhält, mindestens aber einmal jährlich zu besichtigen hat. Außerdem hat er im besonderen Auftrag diejenigen Wohnungen zu besuchen und zu kontrollieren, die ihm vom Wohnungsamt jeweils besonders bezeichnet werden. Über den Befund hat er Bericht zu erstatten.

Es hielt nicht sehr schwer, die erforderliche Anzahl von Pflegern zu bekommen, und zwar aus allen Schichten der Bevölkerung, namentlich auch der Arbeiterschaft. Aber die Erfahrungen sind nicht sehr günstig. Es hat sich gezeigt, daß die Grenze des dem Ehrenamt zugänglichen Tätigkeitsgebiets jenseits des Bereichs der Wohnungspflege liegt, daß hier das Ehrenamt versagt. Der Wohnungspfleger ist eben der Vorbote von obrigkeitlichen Zwangsmaßregeln, infolge dessen meist ein wenig willkommener Gast und als solcher Unannehmlichkeiten ausgesetzt, für welche die aus der Tätigkeit für das allgemeine Wohl fließende Befriedigung kein hinreichendes Äquivalent bietet. — Die Mehrzahl der Pfleger, die im Februar 1903 ihr Amt angetreten haben, ist bereits wieder zurückgetreten und man hört, daß die Stadt sich anschickt, berufsmäßige Wohnungspfleger anzustellen.

Umfangreicher ist die Verwendung von Ehrenbeamten auf dem Gebiete der Armenpflege, der eigentlichen Domäne der ehrenamtlichen praktischen Tätigkeit. Von den 14 Städten haben 7, Cannstatt, Reutlingen, Göppingen, Tübingen, Tuttlingen, Heidenheim und Schwenningen, eine auf die Mitwirkung freiwilliger Armenpfleger verzichtende Armenpflege. Die Armenverhältnisse sind eben dort, wie versichert wird, nicht so kompliziert, als daß sie den Mitgliedern der Ortsarmenbehörde, namentlich dem Ortsvorsteher und den Geistlichen, nicht genau bekannt, daß besondere ehrenamtliche Hilfspersonen notwendig wären. In Gmünd und Ravensburg sind es Mitglieder der bürgerlichen Kollegien, die als solche Armenpflegerdienste leisten. In den übrigen Städten sind freiwillige, nicht notwendig den Gemeindekollegien angehörige ehrenamtliche Armenpfleger tätig. Solche Armenpfleger zu gewinnen bereitet nirgends namhafte Schwierigkeiten, und zwar rekrutieren sie sich nicht nur aus einzelnen Berufsklassen. Die Angehörigen des gewerblichen (im weiteren Sinne) Mittelstands überwiegen übrigens bedeutend; höhere Beamte und Offiziere sind in nennenswerter, doch auch hier nicht bedeutender Zahl nur in Stuttgart vorhanden, sie werden, da ihnen von den Armen leicht von vornherein ein gewisses Mißtrauen entgegengebracht werden könnte, da und dort nicht gern bestellt, dagegen machen die Lehrer und, namentlich außerhalb Stuttgarts, die Fabrikanten einen verhältnismäßig starken Prozentsatz aus. Arbeiter scheinen sich verhältnismäßig nicht in großer Zahl zur Verfügung zu stellen. Die Städte Ulm, Eßlingen und Ludwigsburg haben gar keinen unter ihren Armenpflegern, auch in Stuttgart treten sie stark zurück, in Heilbronn sind etwas über 6 % derselben Arbeiter. Es wäre jedoch unzulässig, aus dieser schwachen Vertretung der Arbeiterschaft ohne weiteres auf mangelnden guten Willen zu schließen, es ist vielmehr zu bedenken, daß die Besetzung offener Stellen nicht auf Grund einer öffentlichen Aufforderung, sondern unter der Hand geschieht und daß dabei manche Vorurteile walten und, manchmal jedenfalls, die Parteistellung etwaiger tauglicher Arbeiter nicht unberücksichtigt bleibt. Wo übrigens Arbeiter tätig sind, wird ihnen in ihrer Mehrzahl ein gutes Zeugnis ausgestellt. Man rühmt ihnen nach, daß sie nicht etwa zu milde urteilen, sondern einen besonders treffenden gerechten Maßstab anzulegen und auf die Unterstützten einzuwirken wissen. Als im allgemeinen sehr gute Armenpfleger werden überall auch die Lehrer bezeichnet.

In Ulm werden seit kurzer Zeit, in Stuttgart und Ludwigsburg seit Jahren schon auch Frauen zur Armenpflege herangezogen, und zwar mit so gutem Erfolg, daß man der Einrichtung eine weitere Verbreitung wünschen möchte. Eigenschaften, von denen man mit Recht einen ungünstigen Einfluß auf die Armenpflege befürchtete, wie übertriebene Weichherzigkeit, Zimperlichkeit, Geneigtheit, sich einschüchtern zu lassen, u. a., machen sich durchaus nicht in besonderem Maße geltend, jedenfalls weit weniger, als man vielfach anzunehmen geneigt war, weniger namentlich auch, als die bekannten, dem weiblichen Geschlecht eigentümlichen, für die Armenpflege besonders schätzenswerten Eigenschaften. Auch bei ihnen sind, soweit sich den Verzeichnissen entnehmen läßt, die verschiedensten Berufs- und Gesellschaftsklassen vertreten.

Soviel sich bis jetzt übersehen läßt, bewährt sich die Heranziehung der Frauen ebenso wie zu der Armenpflege so auch zu der Waisenpflege. In Stuttgart, Ulm und Heilbronn hat sich das Bedürfnis herausgestellt, zur Unterstützung des Gemeindewaisenrats (Gemeinderats), der als solcher offenbar zu klein ist, um die ihm gesetzlich obliegenden Funktionen allein wahrnehmen zu können, von der gesetzlichen Ermächtigung Gebrauch zu machen und besondere Waisenpflegerinnen zu bestellen. (In Stuttgart werden neben den weiblichen auch männliche Waisenpfleger in erheblicher Zahl verwendet.)

Es wäre verfehlt, aus diesen wenigen Fällen, wo über den Kreis der Gemeindekollegien hinaus die Kräfte und Fähigkeiten der Einzelnen Gemeindezwecken nutzbar gemacht werden, darauf zu schließen, daß überhaupt kein namhaftes Anwendungsgebiet vorhanden sei für das System, Bürger in einzelnen Zweigen des Gemeindelebens nicht bloß zur Mitberatung und Teilnahme an der Beschlußfassung, nicht bloß zu einer Art von parlamentarischer

Kontrolltätigkeit mit minimaler Verantwortlichkeit, sondern zu unmittelbarer praktischer Arbeit heranzuziehen und ihnen Aufgaben zu übertragen, die andernfalls besondere Beamte auszuführen hätten. Schon früher wurde erwähnt, daß die Mitglieder der Gemeindekollegien selbst ihre Aufgabe in jenem erweiterten Sinne aufzufassen haben. Es möge nur angeführt werden die Tätigkeit der Gemeinderatsmitglieder in Angelegenheiten der freiwilligen Gerichtsbarkeit, in Bausachen (Bauschau), in Feuerpolizeisachen (Ortsfeuerschau), in der Rechtspolizei (Felduntergang), in Grundstücks- und anderen Käufen und Verkäufen der Gemeinde, bei der Verwaltung der kommunalen Gewerbebetriebe; überall hier greift die Tätigkeit der Gemeindevertreter über den Sitzungssaal hinaus. Aber man muß sich immerhin hüten, den Umfang und die Bedeutung dieser Tätigkeit zu überschätzen. Vom Beraten und Beschließen abgesehen, liegt ohne Frage der Hauptteil der praktischen Ausführungs- und Vorbereitungsarbeit auf der Berufsbeamtenschaft und nicht in den Händen von Ehrenbeamten, und der Wert der Mitarbeit durch letztere ruht, vielleicht noch mehr als in sich selbst, darin, daß die Bürgerschaft eine Gewähr darin erblickt, daß der sogenannte gesunde Menschenverstand, dessen Besitz man so gerne den Berufsbeamten abzusprechen geneigt ist, in der Verwaltung zur Geltung gelangt, daß sie das Gefühl bekommt, nicht ganz der Büreaukratie ausgeliefert zu sein. In einzelnen besonderen Gebieten aber ist die Bedeutung des Ehrenamts zweifellos weit höher einzuschätzen, ist die Tätigkeit der Ehrenbeamten als solche von größtem Wert und der von Berufsbeamten ohne weiteres vorzuziehen. Hierher gehört vor allem die Armenpflege. Die Vorzüge der ehrenamtlichen Armenpflege sind zu bekannt, als daß sie hier aufgeführt zu werden brauchen, es genügt festzustellen, daß die Erfahrungen in den württembergischen Städten nichts besonders Bemerkenswertes bieten; sie gehen überall dahin, daß zwar ein nicht unbedeutender Prozentsatz der ehrenamtlichen Armenpfleger namentlich männlichen Geschlechts ihrer Aufgabe sich wenig gewachsen zeigt, daß es aber doch die Mehrzahl ist, die sich ihrem Amt mit Eifer und Erfolg hingibt, und daß ihre Tätigkeit sich frei zeigt von jenem oberflächlichen Schematismus, in den der subalterne Berufsarmenpfleger so leicht verfällt, der seine Aufgabe eben vielfach nicht so sehr aus Liebe zur Sache und um eines idealen inneren Vorteils willen leistet als eben in Erfüllung seiner Dienstpflicht. — Daß übrigens die Anwendbarkeit des Systems des Ehrenamts nicht unbegrenzt ist, wurde schon mit den Bemerkungen über die Wohnungsaufsicht in Stuttgart angedeutet.

XIV. Verhältnis der Städte zur Staatsregierung.

1. Abgrenzung der Aufgaben.

Nach dem Gemeindeverfassungsgesetz und seinen Novellen hat die Gemeinde das Recht, alle auf den Gemeindeverband sich beziehenden Angelegenheiten zu besorgen, ihr Vermögen und die in der Gemeinde vorhandenen Stiftungen, die für wohltätige oder sonst gemeinnützige Zwecke bestimmt und nicht ausschließlich kirchlicher Natur sind, selbständig zu verwalten und die Ortspolizei im Umfang des Orts und seiner Markung zu handhaben.

Weitere Tätigkeitsgebiete bzw. Pflichten sind den Gemeinden durch eine Reihe besonderer Gesetze eröffnet bzw. überwiesen worden, so vor allem die örtliche Armenpflege, das Volksschulwesen, bei dem den Gemeinden ein, allerdings sehr beschränktes Mitverwaltungsrecht entsprechend ihren bedeutenden finanziellen Verpflichtungen eingeräumt ist, teilweise auch die öffentliche Gesundheitspflege und in Verbindung mit der Ortspolizei eine beschränkte Polizeistrafgewalt.

Der Wirkungskreis der Gemeinden ist sehr umfangreich, und es sind ihnen im allgemeinen die Aufgaben zugewiesen, die sich überhaupt zur Erledigung durch ihre Organe eignen. Im einzelnen aber zeigen sich manche Besonderheiten, welche die Abgrenzung der staatlichen und kommunalen Zuständigkeitsbereiche als wenig klar und systematisch erscheinen lassen. Einerseits ist ihnen manches entzogen, woran sie ein sehr unmittelbares Interesse haben, z. B. auf dem Gebiet der Baupolizei (Baukonzessionen), andererseits sind ihnen Obliegenheiten auferlegt worden, bei denen das Interesse nahezu ausschließlich beim Staat liegt, z. B. die Verwaltung des Gerichtsvollzieheramts, die Mitwirkung bei der Zwangsvollstreckung wegen öffentlich-rechtlicher Forderungen, die Schätzung der Gebäude und der Einzug der Versicherungsbeiträge für die staatliche Gebäudebrandversicherungsanstalt, die Mitwirkung beim Militärersatzgeschäft, überhaupt für militärische Zwecke, die Teilnahme an den Geschäften und Kosten für Volks-, Vieh- usw. Zählungen, die Mitarbeit bei den Landtags- und Reichstagswahlen und bei der Strafrechtspflege (Ortsvorsteher — Hilfsbeamter der Staatsanwaltschaft, Führung des Strafregisters). Auch der Einzug der Grund-, Gebäude- und Gewerbesteuer für den Staat und die Amtskörperschaften gehört an sich in diese Kategorie von Gemeindeaufgaben, wird aber vielfach als eine Art Privileg der Gemeinden betrachtet. Es ist dies eine altwürttembergische, auch in der neuesten Steuergesetzgebung festgehaltene Einrichtung, wonach der Staat diese

Steuern nicht unmittelbar von den Steuerpflichtigen erhebt, sondern den geschätzten Gesamtsteuerbetrag eines Oberamtsbezirks an die Amtskörperschaft ausschreibt, die ihrerseits ebenfalls überschlagsweise die Verteilung auf die einzelnen Gemeinden vornimmt; erst die Gemeinden wenden sich an den einzelnen Pflichtigen. Zweck dieser Einrichtung ist eine möglichste Berücksichtigung der individuellen Verhältnisse und Schonung des schonungsbedürftigen Zahlungspflichtigen, ein Zweck, der natürlich in den größeren Städten nur unvollkommen erreicht wird und erreichbar ist.

Es würde zu weit führen, das hiemit begonnene Verzeichnis der den Gemeinden übertragenen staatlichen Aufgaben zu Ende zu führen. Es soll nur noch hingewiesen werden auf die umfangreichen Pflichten, die auf die Gemeinden überwälzt worden sind durch die Ausführungsbestimmungen zum B.G.B. (freiwillige Gerichtsbarkeit), zu den Arbeiterversicherungsgesetzen, zur C.P.O. (Gemeindegericht), zur St.P.O. bzw. G.V.G. (Anfertigung der Schöffen- und Geschworenenlisten), durch das PStG., die Gewerbe- und Kaufmannsgerichtsgesetze.

Das hiemit gegebene Bild der Inanspruchnahme der Gemeinden für staatliche Zwecke ist jedoch unvollkommen. Es ist nicht außer acht zu lassen, daß die Gemeindebehörden darüber hinaus noch in sehr, teilweise zu ausgedehntem Maße von den Staatsbehörden in Tätigkeit gesetzt werden für Auskunfterteilung, Erhebungen, Zustellungen u. dergl. Das württembergische Recht ist durchaus von dem Grundsatz beherrscht, daß die Gemeindebehörde unterste Staatsbehörde im eigentlichen Sinn ist.

Der Kreis der Gegenstände, welche die Gemeinde freiwillig an sich ziehen kann, ist durch keine positive gesetzliche Bestimmung umgrenzt, jedenfalls nicht, soweit die Betätigung darin nicht mit Kosten verbunden ist. Es kann den Gemeinden nicht verwehrt werden, Stellung zu Fragen des öffentlichen Lebens zu nehmen, auch wenn ein unmittelbares Interesse der Gemeinde bzw. der Gemeindegenossen nicht in Frage steht. Aber auch soweit Kosten daraus erwachsen, ist die Gemeinde nur durch die allgemeinen Vorschriften über die Beobachtung möglichster Sparsamkeit und die Erhaltung des Grundstocksvermögens, sowie endlich durch die Bestimmung beschränkt, „daß keine den allgemeinen staatswirtschaftlichen oder polizeilichen Grundsätzen zuwiderlaufenden oder mit den Verhältnissen gegen andere Gemeinden und Staatsangehörige unverträglichen Maßregeln“ getroffen werden. „Als Grundregel,“ sagen die Motive zur Gemeindeordnung und wiederholen damit, was in verschiedenen Entscheidungen zu Spezialfällen ausgesprochen wurde, „kann erachtet werden, daß es Sache des freien Ermessens ist, welche Angelegenheiten, vorausgesetzt, daß es sich um gemeinschaftliche Interessen der Gemeindeangehörigen oder doch eines nicht ganz beschränkten Teils derselben handelt, die Gemeinden in den Kreis ihrer Tätigkeit zu ziehen gewillt sind, soweit nicht dieses Ermessen durch ein gesetzliches Gebot oder Verbot begrenzt ist."

2. Die Staatsaufsicht im allgemeinen.

Die Aufsicht des Staats über die Gemeinde hat seit dem Erlaß des Verwaltungsedikts manche Änderungen, Einschränkungen erfahren. Bis zum Jahre 1849 bedurfte die Wahl der Gemeinderatsmitglieder und der Gemeindebeamten der Bestätigung durch die Aufsichtsbehörde, welche dieselben auch verpflichtete. Die Leitung der Gemeinderatswahlen geschah durch den Oberamtmann. Bei der Ortsvorsteherswahl, die ebenfalls unter dessen Leitung vor sich ging, mußte jeder Wähler ihm sein Votum mündlich zu Protokoll erklären. Im Jahre 1891 wurde die Zahl der Fälle, in denen die Beschlüsse der Gemeindekollegien der Regierungsgenehmigung bedürfen, nicht unwesentlich vermindert, namentlich die außerordentlich dehnbare allgemeine Vorschrift beseitigt, daß eine Genehmigung in allen Fällen erforderlich sei, „in welchen entweder das Interesse der Gemeinde und ihrer Verwalter oder das Interesse der gegenwärtigen Bürgerschaft und der künftigen Glieder der Gemeinde oder das Interesse der einzelnen Gemeinden und der übrigen Staatsgenossen geteilt ist." Auch die Bestimmung, die längst außer Übung gekommen war, daß in den Gemeinden erster Klasse alljährlich ein Ruggericht, d. h. eine umfassende Revision der Gemeindeverwaltung in allen ihren Zweigen abzuhalten sei, wurde vollends aufgehoben. Dagegen bedeuten die Bestimmungen des Gesetzes von 1891 über die Bestellung der Ortsvorsteher praktisch eine Verminderung der Rechte der Gemeinden; bis dahin waren von der Wählerschaft drei Kandidaten zu bezeichnen, von denen die Regierung einen ernennen mußte, wenn er die gesetzlichen Eigenschaften hatte. Diese Bestimmung wurde so gehandhabt, daß ein wirklicher Kandidat und zwei Strohmänner präsentiert wurden, so daß die Regierung bzw. der König genötigt war, den von den Wählern gewollten zu ernennen. An die Stelle davon ist nun das freie staatliche Bestätigungsrecht getreten. Hievon abgesehen ist aber das staatliche Aufsichtsrecht im Laufe der Zeit zurückgeschraubt worden. Doch bleibt noch genügend Spielraum für die Staatsbehörden übrig, um Einfluß auf die Gemeindeverwaltung üben zu können. Der Gebrauch, der von den Aufsichtsrechten gemacht wird, ist übrigens den größeren Städten gegenüber im allgemeinen maßvoll; allerdings ist die Geschäftsbehandlung daselbst auch durchweg derart, daß nicht viel Anlaß für die Staatsbehörden vorliegt, eine gegensätzliche Stellung einzunehmen.

In erster Linie sind die Oberämter, in Stuttgart eine besondere staatliche Behörde, die Stadtdirektion, zur Führung der Aufsicht berufen; in einzelnen Angelegenheiten jedoch greift die betreffende Kreisregierung, ja selbst das Ministerium (in Stuttgart sehr häufig) unmittelbar ein. Selbstverwaltungsorgane als Gemeindeaufsichtsbehörden kennt das württembergische Recht bis jetzt nicht, doch sind solche im Entwurf der Bezirksordnung vorgesehen.

Die Aufsicht tritt in Wirksamkeit gegenüber von Beschlüssen der Gemeindekollegien, die sich als Überschreitung ihrer Befugnisse, als positive Rechtsverletzungen darstellen oder gegenüber von Unterlassungen, Nichterfüllung von Verpflichtungen der Gemeinde.

Das Eingreifen der Aufsichtsbehörde kann erfolgen von Amts wegen oder auf Veranlassung durch den Ortsvorsteher bzw. den Bürgerausschuß. Im Zusammenhang hiemit steht, daß die Staatsaufsichtsbehörde Beschwerdeinstanz gegenüber der Gemeindeverwaltung ist.

Das Aufsichtsrecht äußert sich ferner, und dies ist sein praktisch bedeutsamster Inhalt, darin, daß die Staatsbehörde in einer Reihe gesetzlich bestimmter Fälle den Beschlüssen der Gemeindekollegien durch ihre Genehmigung rechtliche Wirksamkeit zu verleihen bzw. durch ihren Einspruch die Ausführung zu hemmen berufen ist. Das Verzeichnis dieser Fälle, die da und dort zerstreut aufgeführt sind, ist reichhaltig, reichhaltiger wohl, als es bei den größeren Städten das praktische Bedürfnis erheischt. Die meisten davon beziehen sich auf die Finanzwirtschaft der Gemeinden (siehe unten).

Besonders intensiv sind die Aufsichtsbefugnisse auf dem Gebiet der Polizeiverwaltung (siehe unten).

Endlich steht der Regierung die Aufsicht über die dienstliche und außerdienstliche Führung der Mitglieder der Vertretungsorgane und über die Angestellten der Gemeinde zu.

Die Aufsichtsbehörden haben hinreichend Mittel zur Verfügung, um die Aufsicht zu üben. Zunächst besitzen sie ein unbeschränktes Recht, Protokolle und sonstige Akten der Gemeinde einzusehen und zu diesem Zwecke einzuverlangen. Sodann sind die Gemeinden verpflichtet, die Aufsichtsbehörden auf Verlangen durch Berichterstattung über ihre Angelegenheiten zu unterrichten. Der Oberamtmann ist ferner berechtigt, „jeder Verhandlung des Gemeinderats in Gemeindesachen, welche seine Gegenwart erfordern möchte, auch unaufgefordert anzuwohnen. In keinem Fall darf aber durch die Gegenwart des Beamten die Freiheit der Beratung gestört oder das Stimmrecht der Ratsmitglieder beeinträchtigt werden", und er hat „die den Gemeinden und ihren Behörden eingeräumten Befugnisse zu achten, die Leitung der Verhandlung, die Umfrage, die entscheidende Stimme usw. dem Ortsvorsteher zu überlassen". Die Fassung eines mit den bestehenden Gesetzen verträglichen Beschlusses zu hindern, ist er unter keinen Umständen befugt. Ein weiteres Mittel der Aufsichtsübung sind die Amtsvisitationen. Alle sechs Jahre wird in den Gemeinden eine sogenannte Medizinalvisitation, d. h. eine Untersuchung ihrer gesundheitspolizeilichen Einrichtungen vorgenommen, und bei dieser Gelegenheit hat der Oberamtmann die Amtsführung der Gemeindebehörden und den Zustand einzelner Zweige der Verwaltung überhaupt einer genauen Untersuchung zu unterziehen. Auch gewährt die Rechnungs- und Kassenkontrolle, die das Oberamt führt, letzterem manchen wertvollen Einblick in die Einzelheiten der Verwaltung der Gemeinden. Der Aufsicht über die Gemeindebeamten im weiteren Sinne dient einmal vorbeugend das staatliche Recht der Bestätigung der Ortsvorsteherswahl, nachträglich die Disziplinarstrafbefugnis der Regierung gegenüber den Mitgliedern der Gemeindekollegien und den Angestellten der Gemeinde.

Den Gemeinden steht gegen die Verfügungen der Aufsichtsbehörden als solcher in Gemeindeverwaltungssachen der Beschwerdeweg bis zu den Ministerien offen. Die Entscheidungen der letzteren können nach dem Verwaltungsrechtspflegegesetz (§ 13) mit der Rechtsbeschwerde beim Verwaltungsgerichtshof dann angefochten werden, wenn die Verletzung eines subjektiven Rechts, idealer oder vermögensrechtlicher Natur, behauptet wird. Bestimmungen über Formen und Fristen für die reine Verwaltungsbeschwerde fehlen. Gegen Verfügungen der Aufsichtsbehörde in Polizeisachen wird ein Beschwerderecht der Gemeinden überhaupt nicht bzw. nur dann anerkannt, wenn letzteren eine mit vermögensrechtlichen Folgen verknüpfte Leistung zugemutet wird. Eine besonders weittragende praktische Bedeutung hat diese Versagung des Beschwerderechts allerdings nicht, da die höhere Polizeibehörde jeder Denunziation über eine angebliche ungerechtfertigte Ausübung des Aufsichtsrechts durch die ihr nachgesetzte Staatsbehörde stets Beachtung zu schenken und in ihre materielle Prüfung einzutreten pflegt.

Mangelhaft sind die Bestimmungen über die Art der zwangsweisen Durchführung von Anordnungen der Aufsichtsbehörde. Ein Recht der Zwangsetatisierung ist in Württemberg nicht ausgebildet. Dagegen beansprucht die Regierung das Recht für sich, die erforderlichen Maßregeln selbst auf Kosten der Gemeinde zu treffen, wenn letztere sich weigert, gesetzmäßigen Anordnungen der Aufsichtsbehörde nachzukommen. Aber die Existenz dieses Rechts ist, soweit es sich nicht um polizeiliche Angelegenheiten handelt, zum mindesten sehr zweifelhaft. Eine positive gesetzliche Ermächtigung der

Aufsichtsbehörden zu solchem unmittelbaren Eingreifen in das Selbstverwaltungsrecht der Gemeinden ist nur konstatiert für Polizeisachen, nicht aber in anderen Gemeindeangelegenheiten. Schon diese Tatsache legt den Schluß nahe, daß ein solches Recht allgemein nicht besteht, um so mehr als der betreffende Gesetzesartikel[1] das Verfahren bei Ungehorsam nicht nur gegen polizeiliche, sondern auch gegen andere Anordnungen regelt. Dazu kommt noch, daß das Verwaltungsedikt in § 64 bestimmt, daß die Aufsichtsbehörden bei Ausübung der Aufsicht in das Selbstverwaltungsrecht der Gemeinden nicht eingreifen dürfen, und in § 90, daß der Oberamtmann bei Prüfung der Beschlüsse der Gemeindekollegien in die Verwaltung des Gemeindevermögens nicht selbsthandelnd eingreifen dürfe. Von einem klaren Recht der Staatsbehörden, dessen Vorhandensein hauptsächlich mit seiner Unentbehrlichkeit und der daraus folgernden Unwahrscheinlichkeit, daß es der Gesetzgeber der Aufsichtsbehörde habe vorenthalten wollen, zu beweisen versucht wird, kann hienach keine Rede sein. Die Staatsbehörden hüten sich daher auch, davon Gebrauch zu machen, und ziehen vor, zu dem einzigen, gesetzlich zweifellos zulässigen Mittel zu greifen, nämlich mit Strafen gegen die widersetzlichen Mitglieder der Gemeindevertretungen vorzugehen und damit einen indirekten Zwang auszuüben. Das Unbefriedigende dieses Rechtszustands wird allgemein empfunden. Die neue Gemeindeordnung wird auch hierin Wandel schaffen.

3. Städtische Autonomie.

Württemberg hat seinen Gemeinden nur zögernd und in wenig umfangreichem Maße ein Recht der Selbstgesetzgebung zugestanden. Eine generelle Ermächtigung, im Rahmen der gesetzlichen Vorschriften Gegenstände des Gemeindeverfassungs- und Verwaltungsrechts statutarisch zu regeln, fehlt heute noch. Dagegen ist in verschiedenen Reichs- und Landesgesetzen den Gemeinden die Möglichkeit der Erlassung von Ortsstatuten über einzelne Materien eröffnet. Hinsichtlich der Erlassung besteht ein wesentlicher Unterschied zwischen den auf Grund des Polizeistrafgesetzes erlassenen und den übrigen Ortsstatuten. Erstere werden vom Ortsvorsteher erlassen und bedürfen, wenn sie „eine für fortdauernde Geltung bestimmte Anordnung enthalten", der Zustimmung des Gemeinderats, letztere dagegen erläßt der Gemeinderat mit Zustimmung des Bürgerausschusses. Erstere bedürfen ferner keiner staatlichen Genehmigung, sie sind der Regierungsbehörde zur Prüfung vorzulegen und werden, sofern sie nicht früher für vollziehbar erklärt werden, 30 Tage nach der Vorlage vollziehbar. Letztere müssen, um rechtswirksam

[1] Art. 2 des Ges. v. 12. August 1879.

zu werden, von der Kreisregierung, in einzelnen Fällen vom Ministerium des Innern (z. B. Ortsbaustatuten) bezw. der Zivilkammer des betr. Landgerichts genehmigt werden. Die genehmigende Behörde kann die Genehmigung nicht nur wegen erheblicher Mängel des Statuts, sondern aus reinen Zweckmäßigkeitserwägungen verweigern. Bei den Polizeistatuten hat sich die Prüfung darauf zu erstrecken und zu beschränken, daß sie gesetzmäßig erlassen sind, mit keiner Anordnung einer höheren Behörde in Widerspruch stehen, dem öffentlichen Wohl nicht nachteilig sind und keine Rechte dritter verletzen. Von den auf Grund von Landesgesetzen erlassenen Ortsstatuten sind nach ihrer Erlassung bekanntzumachen: die Polizeistatuten, Ortsbaustatuten und die auf Grund des A.G.B.G.B. erlassenen nachbarrechtlichen Statuten; letztere beide müssen außerdem vor ihrer Erlassung im Entwurf veröffentlicht werden. Für die Regel ist den Gemeinden freie Hand gelassen, ob sie Statuten erlassen wollen oder nicht. Nur in einzelnen Fällen sind sie hierzu verpflichtet (Ortsstatuten zusammengesetzter Gemeinden). Die Ermächtigungen zur Erlassung von Ortsstatuten beziehen sich teils auf alle Gemeinden [1], teils sind sie beschränkt auf Städte über 10000 Einw. und bestimmt, den im Lauf der Zeit entstandenen besonderen Bedürfnissen letzterer Rechnung zu tragen [2].

Wie zur Erlassung, so ist auch zur Zurücknahme der Ortsstatuten, abgesehen von den Polizeistatuten, Regierungsgenehmigung erforderlich. Polizeistatuten können von den höheren Verwaltungsbehörden aus den Gründen außer Wirksamkeit gesetzt werden, wegen deren die Beanstandung erfolgen kann.

Die württembergischen Städte werden im wesentlichen nicht nach Lokal-, sondern nach Staatsgesetzen verwaltet. Welches der beiden Verwaltungssysteme vom sozialpolitischen Standpunkt aus den Vorzug verdient, läßt sich allgemein nicht entscheiden. Es hängt dies einmal davon ab, welchen Spielraum das Staatsgesetz dem freien Wollen der Gemeinde überläßt, sodann davon, inwieweit die Gemeinde zur Erlassung von Ortsstatuten verpflichtet und inwieweit sie hiebei an die Mitwirkung des Staats gebunden ist. Die Verwaltung der Gemeinden nach Staatsgesetzen ist daher nicht etwa gleichbedeutend mit Zentralisierung, die nach Lokalgesetzen mit Dezentralisierung; die beiden Systeme können sich vielmehr in ihrer Wirkung aufs äußerste nähern, und so bietet denn auch die Sozialpolitik der württembergischen

[1] Z. B. Zahl der Gemeinderatsmitglieder, Tagegelder für Gemeinderäte, Gehalts- und Pensionsstatuten für Gemeindebeamte, Unfallfürsorge für letztere, Regelung der Ratsschreiberei, Bürgerrechtserteilung, Bürgernutzungen, Bildung von Gemeinde-, Schul-, Gesamtarmenverbänden usw.

[2] Vereinfachung der Gemeindewahlen, Entlastung des Ortsvorstehers und Gemeindepflegers, Anstellung besoldeter Gemeinderäte.

Städte nicht etwa ein gleichförmiges Bild, sie hat nicht etwa einen einheitlichen Durchschnittscharakter, zeigt vielmehr in den einzelnen Städten nicht unwesentliche Unterschiede, eben weil trotz ihres beschränkten Selbstgesetzgebungsrechts doch nicht von einer straffen Zentralisierung gesprochen werden kann.

4. Die städtischen Finanzen und die Staatsaufsicht.

An Einnahmequellen haben die Städte in erster Linie ihr Vermögen, ferner Steuern, und zwar Einkommens-[1], Wandergewerbe- und Wohnsteuer[2], an indirekten Steuern die Liegenschaftsumsatzsteuer und Verbrauchssteuern von Fleisch, Bier und Gas, weiterhin Gebühren, Strafgelder usw., endlich, nach dem Gesetz subsidiär, d. h. soweit die vorgenannten Einnahmen nicht zureichen, tatsächlich als Haupteinnahmequelle die nach den Grundsätzen des entsprechenden Staatssteuergesetzes zu erhebende Steuer aus Grundeigentum, Gebäuden und Gewerben (der sogenannte Gemeindeschaden). Für Zwecke der Armenpflege darf außerdem ein Zuschlag zur staatlichen Hundesteuer erhoben werden.

Vom Gemeindeschaden abgesehen sind die Voraussetzungen für die Zulässigkeit der Erhebung der Steuern, sowie ihr Betrag bzw. Höchstbetrag gesetzlich normiert; eine gesetzliche Pflicht zu ihrer Erhebung besteht jedoch auch beim Zutreffen der gesetzlichen Voraussetzungen nicht, und insofern ist den Gemeinden auch in der Steuerpolitik vom Gesetz ein gewisser Spielraum gewährt, allerdings ein bescheidener; denn er ist bezüglich der Verbrauchssteuern und der Umsatzsteuer noch dadurch eingeschränkt, daß zur Einführung der ersteren eine Ermächtigung durch königliche Verordnung, der letzteren ministerielle Genehmigung erforderlich ist.

Bei Erhebung von Beiträgen der Grund- und Gebäudebesitzer, sowie der Gewerbetreibenden zu den Kosten der Herstellung und Unterhaltung von kommunalen Veranstaltungen, an denen jene besonders interessiert sind, haben die Gemeinden innerhalb des Rahmens der für die einzelnen Beitragsgattungen erteilten gesetzlichen Ermächtigung freie Hand, und es wird von diesen Ermächtigungen überall Gebrauch gemacht (Kanalbeiträge, Beiträge für Straßen- und Trottoirherstellung usw.).

Bezüglich der Gebühren ist „die bestehende Rechtslage keine durchweg zweifelsfreie“ (Motive zum neuen Gemeindesteuergesetz). Eine klare gesetz-

---

[1] Bis zu 1 % des steuerbaren Einkommens.

[2] Kopfsteuer von höchstens 4 bzw. 2 Mk. von jeder selbständigen männlichen bzw. weiblichen Person, die ihren Wohnsitz in der Gemeinde hat.

liche Bestimmung, welche die Gemeinden allgemein hierzu berechtigt, fehlt. Die herrschende, vom Verwaltungsgerichtshof sanktionierte Anschauung geht jedoch dahin, daß eine solche allgemeine Berechtigung tatsächlich besteht, und dementsprechend werden überall die verschiedensten Gebühren erhoben: Brücken- und Pflastergelder, Schlachthausgebühren, Wasserzinse, Radfahrgebühren, Marktstandgelder, Gebühren für die Benutzung von Leichenwagen, für Beerdigung, Trottoirreinigung, Latrinenreinigung u. a. m. Soweit die Benutzung von Gemeindeanstalten den Beteiligten zur Zwangspflicht gemacht ist, bedarf die Gebührenfestsetzung der Regierungsgenehmigung. Letztere ist auch erforderlich bei Einführung und Erhöhung von Markt- und Meßgebühren, Brücken- und Pflastergeldern [1].

In der Verwaltung ihres Vermögens sind die Gemeinden nach dem Verwaltungsedikt selbständig; aber diese Selbständigkeit ist eingeschränkt durch die im Gesetz selbst und in den Ausführungsbestimmungen aufgestellten Verwaltungsgrundsätze und durch die Beaufsichtigung seitens der Staatsbehörden, welche diese Grundsätze nach ihrem Ermessen auszulegen haben.

Im allgemeinen macht es das Verwaltungsedikt dem Gemeinderat zur Pflicht, durch möglichste Erhöhung der Einnahmen und möglichste Beschränkung der Ausgaben der Bürgerschaft die Last der Gemeindeschadenumlage, „soviel an ihm liegt, zu erleichtern", „er ist es aber auch", so heißt es weiter, „den sonstigen Mitgliedern der Gemeinde schuldig, das wirkliche und unvermeidliche Defizit, soweit es nur immer die Kräfte der Kontribuenten gestatten, durch wirkliche Umlage ohne Angriff des Gemeindefonds, ohne Kapitalaufnahmen und Vorempfänge zu decken."

Besonderer Nachdruck ist gelegt auf die Erhaltung des Grundstocksvermögens, das aus verzinslichen Forderungen, sowie aus Grundstücken und diesen gleichzuachtenden Rechten, welche einen bleibenden Ertrag abwerfen, besteht. Seine Verwaltung ist durch einen Ministerialerlaß von 1854 bis ins einzelste geregelt. Detaillierte Vorschriften gelten auch für die Bewirtschaftung der Gemeindewaldungen.

Die Staatsaufsicht über die Gemeindevermögensverwaltung äußert sich einmal in der allgemeinen Überwachung der Einhaltung jener Grundsätze, sodann darin, daß in einer Reihe einzelner Verwaltungsakte eine Mitwirkung der Staatsbehörde stattfindet.

1. Der Gemeindeetat wird, nachdem er von den bürgerlichen Kollegien festgestellt ist, dem Oberamt übergeben, welches denselben nach der formellen und materiellen Seite hin prüft. Es kann die einzelnen Positionen sowohl

---

[1] Nur Stuttgart, Ulm, Eßlingen und Ludwigsburg erheben noch solche.

vom Standpunkt der Gesetzmäßigkeit als auch der Zweckmäßigkeit beanstanden; übrigens wird nach der letzteren Seite hin eine gewisse Zurückhaltung geübt und die Prüfung auf wirklich Wesentliches beschränkt, entsprechend der in der Vollzugsverfügung zur Verwaltungsnovelle von 1891 gegebenen Weisung. Eine eigentliche Genehmigung des Etats findet nicht statt, vielmehr wird der Etat 2 Wochen nach der Übergabe ans Oberamt ohne weiteres vollziehbar, wenn er nicht ausdrücklich beanstandet wird.

Tritt im Lauf des Etatsjahres die Notwendigkeit einer neuen bzw. erhöhten Umlage ein, so sind die vorstehenden Bestimmungen entsprechend anzuwenden.

2. Staatliche Genehmigung (Kreisregierung) der Beschlüsse der Gemeindekollegien ist insbesondere in folgenden Fällen erforderlich:

a) Wenn einem Mitglied des Gemeinderats (z. B. dem Ortsvorsteher) eine neue oder erhöhte Besoldung, ein Wartegeld oder ein Ruhegehalt verwilligt wird, sofern der Betrag derselben und die Voraussetzungen ihrer Verwilligung nicht durch Gesetz oder Ortsstatut bestimmt sind.

b) Bei Veräußerungen von unbeweglichem Vermögen oder diesem gleichzuachtenden Rechten, wenn der Wert des Veräußerten 10 000 Mk., in Stuttgart 30 000 Mk., übersteigt.

c) Bei Kapitalaufnahmen, durch welche der Schuldenstand der Gemeinde vermehrt wird, sofern es sich nicht um die bloß vorübergehende Eingehung einer Schuld zur Bestreitung solcher etatsmäßiger Ausgaben handelt, für welche die Deckungsmittel im Etat vorgesehen sind, aber erst im weiteren Verlauf des Rechnungsjahres eingehen; bei der Feststellung der Schuldentilgungspläne und bei jeder Ausgabe von Schuldverschreibungen auf den Inhaber.

d) Bei der Verwendung eines zum Grundstock gehörigen Aktivkapitals oder des Erlöses aus veräußerten sonstigen Bestandteilen des Grundstocksvermögens der Gemeinde zur Bestreitung von Ausgaben der laufenden Verwaltung.

e) Bei der Belastung der Gemeinde durch Übernahme dauernder Haftverbindlichkeiten insbesondere für Sparkassen, sowie für von Dritten betriebene gewerbliche Unternehmungen.

f) Bei der Feststellung der Gebühren für die Benutzung von Gemeindeanstalten, wenn deren Benutzung den Beteiligten zur Zwangspflicht gemacht ist, sowie bei der Einführung oder Erhöhung von Meß- und Marktgebühren, Brücken- und Pflastergeldern.

Die Städte haben zwar seit 1891 das Recht, ihre Rechnungen ganz oder teilweise durch eigene städtische Beamte prüfen zu lassen und ihre Rechner selbst zu entlasten. Daneben aber findet auch noch eine materielle und eine summarische formelle Rechnungsprüfung durch das Oberamt statt, was letzterem natürlich einen tiefen Einblick in die Einzelheiten der Gemeindeverwaltung, namentlich ihrer Finanzwirtschaft und damit die wichtigsten Handhaben zur Aufsichtsführung gewährt. Von jenem Recht der Anstellung von Gemeinderevisoren wurde kein allgemeiner Gebrauch gemacht, und wo dies geschehen ist, sind die gemachten Erfahrungen nicht durchweg erfreulich: vermehrte Kosten und minutiösere, pedantischere Revision als durch den Staat. Wo keine Gemeinderevisoren angestellt sind, erfolgt die eigentliche Rechnungsrevision und die Entlastung des Rechners durch das Oberamt.

Ein Vermögensteil ist völlig freier Verfügung der Gemeinde überlassen, nämlich die durch Mehreinnahmen bzw. Minderausgaben gegenüber dem Etat erzielten Gesamtersparnisse bzw. das durch die Ansammlung dieser Ersparnisse gebildete sogenannte Restvermögen. Nur dann bedarf die Gemeinde auch hier der Genehmigung durch die Staatsaufsichtsbehörde, wenn eine Verteilung dieses Vermögens unter die Gemeindegenossen beschlossen wird.

Im ganzen ist die Aufsicht des Staats über die Finanzen der Gemeinde sehr eingehend, kann es jedenfalls sein und die Beschränkung der Gemeinde in der Verfügung darüber nicht unbedeutend. Eine den allgemeinen staatlichen sozialpolitischen Grundsätzen zuwiderlaufende Kommunalpolitik, insbesondere eine hierüber hinausgehende Ausdehnung der Kommunalisierung von Privatbetrieben ist demnach kaum möglich. Die Genehmigung von Schuldaufnahmen z. B. kann ohne weiteres versagt werden, wenn der damit verfolgte Zweck der Staatsaufsichtsbehörde nicht genehm ist; denn das Verwaltungsedikt spricht sich ausdrücklich dahin aus, daß die genehmigende Behörde bei der Prüfung der genehmigungsbedürftigen Beschlüsse der Gemeindekollegien zwar nicht in die Verwaltung des Gemeindevermögens selbsthandelnd eingreifen solle, aber darauf Bedacht zu nehmen habe, daß jede den allgemeinen staatswirtschaftlichen oder polizeilichen Grundsätzen zuwiderlaufende oder mit den Verhältnissen gegen andere Gemeinden oder Staatsangehörige unverträgliche Maßregel zurückgewiesen und der Grundstock des Gemeindevermögens möglichst ungeschmälert den Nachkommen überliefert werde. Dieser Satz in Verbindung mit dem freien Beanstandungsrecht bezüglich des Etats gibt der Staatsaufsichtsbehörde eine scharfe Waffe in die Hand gegen sozialpolitische Extravaganzen der Gemeinden. Ebenso kann hierdurch auch einer einseitigen Interessenpolitik der Mehrheit in der Gemeindevertretung einigermaßen jedenfalls vorgebeugt bzw. entgegengewirkt werden. Wie früher schon bemerkt, kann zurzeit von einer solchen mit Grund nicht gesprochen werden.

5. Die Polizei.

Die Gemeinden haben nach dem Verwaltungsedikt das Recht, die Ortspolizei nach den bestehenden Gesetzen zu handhaben, und sie sind „nicht befugt, die ihnen zustehenden Rechte und Pflichten der Polizeiverwaltung im Wege des Vertrags an eine Regierungsbehörde in widerruflicher oder unwiderruflicher Weise zu übertragen." Dieses durch Gesetz von 1849 erlassene Verbot erklärt sich daraus, daß die Städte Stuttgart und Tübingen einige Jahrzehnte hindurch ihre Polizei vertragsmäßig dem Staat überlassen hatten. Jenes der Gemeinde als solcher zustehende Recht ist jedoch, wie schon kurz erwähnt, sehr stark eingeschränkt. Natürlich, denn auf die Erhaltung einer gewissen Einheitlichkeit in der Handhabung der Polizei, jedenfalls in einer Reihe ihrer Zweige kann der Staat nicht verzichten, und so bestimmt denn das Verwaltungsedikt, daß der Oberamtmann über die Ausübung der örtlichen Polizeigewalt die strengste und beständige Aufsicht zu führen habe und in der Oberamtsstadt „in wichtigeren und dringenderen Fällen unmittelbar und persönlich einzuschreiten befugt und verpflichtet sei". Außerdem sind einzelne Teile der Bau-, Gewerbe-, Gesundheits-, sowie der politischen Polizei der Gemeinde entzogen und der staatlichen Polizeibehörde, dem Oberamt (in Stuttgart der Stadtdirektion), das aber in Ermangelung genügend zahlreicher Unterorgane doch auf die Mitwirkung der städtischen Polizei angewiesen ist, übertragen. Über das Beschwerderecht der Gemeinden gegen Verfügungen der Aufsichtsbehörde in Polizeisachen ist bereits gesprochen worden.

Die Regelung der Frage, wer die Polizeigewalt der Gemeinde auszuüben hat, durch das Verwaltungsedikt ist wenig glücklich. § 14 des V.E. spricht sich dahin aus, daß es Sache des Ortsvorstehers sei, die Ortspolizei im Namen der Gemeinde zu handhaben, § 41 aber beschränkt diese Befugnis des Ortsvorstehers, indem er bestimmt, daß der Ortsvorsteher die ihm nötig dünkenden Anordnungen, besonders soweit sie mit Kosten verbunden sind, im Gemeinderat vorzutragen habe, gibt ihm jedoch, um ihm die unentbehrliche Selbständigkeit bis zu einem gewissen Grad zu sichern, das Recht, gegen die Beschlüsse des Gemeinderats in Polizeisachen die Entscheidung der Aufsichtsbehörden anzurufen, auch in Fällen, wo er den Beschluß nicht für ungesetzlich, sondern nur für unzweckmäßig hält. Abgesehen von der Strafrechtspflege, die dem Ortsvorsteher in unzweideutiger Weise zu selbständiger Ausübung zugewiesen ist, müßte hienach der Ortsvorsteher in allen polizeilichen Angelegenheiten, auch den unwichtigsten und mit Kosten für die Gemeinde nicht verbundenen, erst an den Gemeinderat sich wenden und nötigenfalls die Oberentscheidung des Oberamts einholen. Daß dies praktisch zu Absurditäten führt und die Permanenz des Gemeinderats voraussetzt, ist klar. Die Praxis hat sich daher mit Recht über den Wortlaut des Gesetzes hinweggesetzt und dem Ortsvorsteher das Recht zugesprochen, alle ihm erforderlich scheinenden polizeilichen Maßregeln von sich aus, ohne den Gemeinderat zu befragen oder ihm Rechenschaft geben zu müssen, zu treffen, sofern sie mit keinen Kosten für die Gemeinde verbunden sind und keine fortdauernde Geltung beanspruchen. Man konstruierte zu diesem Zweck einen Widerspruch heraus zwischen den §§ 14 und 41 V.E. Wenn man aber in Betracht zieht, daß die Polizei nach dem V.E. der Gemeinde als solcher zusteht und nicht minder als die Selbständigkeit der Vermögensverwaltung ein ursprüngliches Recht der Gemeinde bildet, so ist nicht zu leugnen, daß die Regelung, welche das V.E. der Polizeiverwaltung angedeihen läßt, indem es dem Gemeinderat ein gewichtiges Mitwirkungsrecht einräumt, folgerichtig, daß die herrschende Praxis, beeinflußt von dem Gedanken, daß die Polizei zum sogenannten übertragenen Wirkungskreis gehöre, mit jenem Grundgedanken des V.E. nicht vereinbar ist, denn der Gemeinde zwei prinzipale Rechte zuzuweisen, den Gemeindevorstand (Gemeinderat) aber von der Ausübung des einen, von der Einwirkung hierauf, nahezu ganz auszuschließen, diese Ausübung vielmehr einem Beamten zu übertragen, der als solcher dem Gemeinderat nicht verantwortlich ist, nicht einmal Mitglied des Gemeinderats zu sein braucht (Polizeiamtmann), ist zweifellos widerspruchsvoll. Die herrschende Praxis entspricht dem praktischen Bedürfnis, mit dem Gesetz aber steht sie nicht ganz im Einklang.

Die Polizeiverwaltung ruht also faktisch in der Hand eines Einzelbeamten, des Ortsvorstehers bzw. wo eine Entlastung desselben von diesen Geschäften ortsstatutarisch festgesetzt ist, eines selbständigen Polizeiamtmanns.

Die Zuständigkeit des Gemeinderats ist darauf beschränkt, über den Polizeietat zu beraten und zu beschließen, zu den im Laufe des Etatsjahres auftretenden unvorhergesehenen finanziellen Bedürfnissen der Polizeiverwaltung Stellung zu nehmen und die vom Ortsvorsteher ausgehenden Polizeiverordnungen bedingt oder unbedingt gutzuheißen bzw. zu verwerfen. Nur für einzelne Zweige der Polizeiverwaltung gelten abweichende Sätze: Ortsbaupolizeibehörde ist der Gemeinderat; der Ortsvorsteher — und zwar er ausschließlich — ist auf diesem Gebiet nur zur Verhängung von Strafen befugt; in Gewerbesachen ferner bedient sich die staatliche Polizeibehörde des Gemeinderats zu Gutachten. Aber dies sind Ausnahmen von der Regel, daß der Ortsvorsteher Leiter von der Polizei ist. Ein Recht der Kritik der örtlichen Polizeiverwaltung überhaupt kann dem Gemeinderat natürlich nicht bestritten werden, aber ebenso steht nach jener seit langem angenommenen Auslegung des V.E. auch fest, daß er nicht die Macht hat, seiner Kritik einen unmittelbaren praktischen Ausdruck zu verleihen, daß ihm kein allgemeines Aufsichtsrecht über die örtlichen Polizeiorgane zusteht; er ist auch nicht Beschwerdeinstanz gegenüber den Handlungen bzw. Verfügungen der letzteren, Beschwerden gehen vielmehr an die Staatsbehörden.

Trotzdem aber der Leiter der Ortspolizei unmittelbar unter den staatlichen Behörden und nur unter ihnen steht, Eingriffe letzterer in seinen Tätigkeitsbereich unbedingt hinnehmen muß und von den Gemeindekollegien unabhängig ist, ist er eben doch Gemeindebeamter. Als Ortsvorsteher ist er Vorsitzender des Gemeinderats, mit dem er in Frieden zu leben bestrebt sein wird und muß. Als selbständiger Polizeiamtmann ist er doch in allen Angelegenheiten allgemeiner Natur und in allen Geldfragen auf das Entgegenkommen der Gemeindekollegien bzw. des Gemeinderats angewiesen, ohne dabei viel Rückhalt zu haben bei seiner übergeordneten Staatsbehörde, die ja, wie früher gezeigt, wenig bestimmte bzw. ausreichende gesetzliche Handhaben zur Ausübung von Zwang gegenüber der Gemeindevertretung besitzt und daher in der Regel nicht leicht geneigt ist, zu solchen Maßregeln zu greifen, auch wenn es sich um gesetzlich wohlbegründete Forderungen des Polizeiamtsvorstands handelt, denen jene nicht entsprechen will. — Die Stellung des Leiters der Polizei ist hiernach eine zwiespältige: er steht unter dem doppelten Einfluß des Staats und der Gemeindeverwaltung, was natürlich die Quelle schwerer Unzuträglichkeiten bilden kann. Die tatsächlichen Verhältnisse in den Mittelstädten geben übrigens glücklicherweise solchen pessimistischen Erwägungen wenig Nahrung, und wirklich nennenswerte Übelstände haben sich aus jener Stellung der Ortspolizei bzw. ihres Leiters nirgends ergeben, namentlich nicht in der Richtung, daß sich ein ungesunder Einfluß der Gemeindevertretung bzw. wechselnder Mehrheiten derselben oder einzelner Berufs- und Gesellschaftsklassen auf die Polizeiverwaltung bemerkbar gemacht hätte.

Daß die Lebenslänglichkeit der Polizeivorstände bzw. wo nicht lebenslänglich angestellte Polizeiamtmänner vorhanden sind, die Tatsache, daß letztere ihr Amt regelmäßig nicht als Lebensstellung betrachten, vielmehr nach einiger Zeit wieder abzugehen, meist in den Staatsdienst zurückzukehren pflegen, hierauf nicht ohne Einfluß ist, kann keinem Zweifel unterliegen. Ob die Zukunft keine Verschlimmerung des Zustandes bringen wird, kann daher nicht mit Sicherheit behauptet werden, da der Entwurf der G.O. die Lebenslänglichkeit der Ortsvorsteher beseitigt, die Ortspolizei aber im wesentlichen so beläßt, wie sie ist.

Weniger einwandfrei sind die polizeilichen Verhältnisse in Stuttgart. Die Leitung der Polizei ist einem besonderen Polizeiamtmann (Polizeirat) übertragen, aber nicht etwa auf Grund eines Ortsstatuts, wie anderwärts, sondern auf Grund eines bloßen, von der Gemeindevertretung jederzeit zurückziehbaren Beschlusses. Dem Polizeiamtsvorstand kommt hienach eine gesetzmäßige Selbständigkeit nicht zu, er ist vielmehr rechtlich nichts anderes als ein Hilfsarbeiter des Ortsvorstehers, welch letzterer der wahre Inhaber der Polizeigewalt in Stuttgart ist. Nun vollzieht sich aber der ganze Verkehr zwischen dem Stadtpolizeirat und den Staatsbehörden unmittelbar und unter Ausschaltung des Stadtvorstands, der Polizeirat zeichnet alle polizeilichen Verfügungen und Verordnungen allein und nimmt hienach, und zwar im ganzen unbeanstandet, diejenige Selbständigkeit für sich in Anspruch, die ihm nur ein Ortsstatut verleihen könnte. Der bestehende Zustand entbehrt also einer gesetzlichen Grundlage, eine eigentümliche Erscheinung bei einer hauptstädtischen Polizei.

Auch in anderer Beziehung ist reichlich Raum für die Kritik. Bei besonderen Anlässen muß sich der Polizeiamtsvorstand die ihm rechtlich zukommende Stellung als unselbständiger Hilfsbeamter des Ortsvorstehers anweisen lassen. Der Anteil, den sich die Polizeiabteilung des Gemeinderats an der Polizeiverwaltung beilegt, ist ein sehr intensiver. Seitens der Staatsbehörden endlich findet ebenfalls eine höchst ausgedehnte Inanspruchnahme und Beeinflussung der Stuttgarter Polizei, eine Ausübung des staatlichen Aufsichtsrechts wie keiner anderen städtischen Polizei des Landes gegenüber statt. Nirgends treffen sich eben staatliche und örtliche polizeiliche Interessen in auch nur annähernd gleichem Maße wie in der Hauptstadt, der einzigen Großstadt des Landes, und so hat die Stadtpolizei Direktiven entgegenzunehmen seitens des Ministeriums des Innern unmittelbar, seitens der Stadtdirektion und der Staatsanwaltschaft. Der Stadtpolizeiamtsvorstand steht also unter vielfachen, starken, natürlich sehr häufig nicht in gleicher Richtung laufenden Einflüssen, und es wäre merkwürdig, wenn der Polizei unter solchen Umständen dasjenige Maß von Vollkommenheit zuerkannt werden könnte, das einer großstädtischen Polizei zukommen sollte.

Daß die Verstaatlichung der Stuttgarter Sicherheitspolizei jenen Übelständen ein Ende bereiten und bessere Zustände schaffen würde, ist kaum zweifelhaft. Die Stadt würde sich dadurch nicht einmal eines sehr bedeutsamen Rechts begeben; denn jene Einwirkung des Staats auf die städtische Polizei, wie sie im allgemeinen Landesinteresse gelegen ist und erfolgt, hat jetzt schon zur Folge, daß der Einfluß der Stadt auf ihre Polizei, deren Aufwand sie in vollem Umfang zu tragen hat, diesen ihren Leistungen nicht ganz entspricht und daß sie dadurch zu Lasten herangezogen wird, die an sich dem Staat zukommen.

Der Entwurf der G.O. hat sonderbarerweise darauf verzichtet, hier von Grund auf bessernd einzugreifen und die Polizei bei der Stadt belassen. Ob es allerdings hiebei sein Bewenden behält, ist nach den Verhandlungen in der Kammer der Abgeordneten noch nicht außer Zweifel; es ist vielmehr möglich, daß in letzter Stunde noch der Grundsatz sich auch in Württemberg Geltung verschafft, daß in Städten von der Größe und Bedeutung Stuttgarts die Stadt nicht die richtige Trägerin der Polizeigewalt ist.